Hauptbahnhof

Sachsentherme

Leipzig

Nikolaikirche

useum

Universität

MDR-Hochaus

askirche

Grassi-Museum

masschule

Auerbachs Keller

ldpark

Völkerschlachtdenkmal

Belantis

Mareike Seehaus

# Schatzsuche in Leipzig

## Lilly und Nikolas auf der Suche nach dem singenden Saphir

Illustrationen von Sandra Pohle

Biber & Butzemann

Auf unserer Webseite www.biber-butzemann.de erfahrt ihr mehr über unvergessliche Familienferien, unseren Verlag und unsere Bücher. Abonniert gern unseren Newsletter über https://shop.biber-butzemann.de/newsletter.php und folgt uns auf www.facebook.com/biberundbutzemann, Instagram: biberundbutzemann oder www.pinterest.de/biberundbutzemann

 Hinweis: Ausstellungen in Museen wechseln und auch bei anderen Sehenswürdigkeiten gibt es regelmäßig Veränderungen, darum sind alle Angaben ohne Gewähr.

Die Handlung und alle handelnden Personen sind frei erfunden. Jegliche Ähnlichkeit mit lebenden oder realen Personen wären rein zufällig. Der Thomanerchor hat kein Austauschprogramm, Austauschschüler wie Samil gibt es also im Internat nicht.

*Für meine beiden Kinder Richard und Anna Sophie*
*Mareike Seehaus*

© Kinderbuchverlag Biber & Butzemann
Geschwister-Scholl-Str. 7
15566 Schöneiche

2. Auflage, 2024

Bibliografische Information der Deutschen Bibliothek
Die Deutsche Bibliothek verzeichnet diese Publikation in der Deutschen Nationalbibliografie; detaillierte bibliografische Daten sind im Internet unter http://dnb.ddb.de abrufbar.

Text: Mareike Seehaus
Kapitel 8, 10 und 13: Steffi Bieber-Geske
Illustrationen: Sabrina Pohle
Layout und Satz: Andrea Jäke
Lektorat: Niklas Seehaus, Steffi Bieber-Geske, Martina Bieber, Juliane Just
Lektoratsassistenz: Gaby Feniuk, Lisa Jaekel, Pia Kollmer, Vivien Napora, Eva Ribstein, Hanja Runge, Tatjana Schmischke, Sarah Skoda, Jennifer Trapp
Korrektorat: Peggy Büttner
Druck- und Bindearbeiten: Drukarnia Abedik Sp. z o.o.
ISBN: 978-3-95916-120-6

# INHALT

# DIE REISE

Nikolas tippte auf seinem Handy eine SMS und klickte auf „Senden". Wenig später kam die Antwort. „Lilly, wir fahren in den Herbstferien nach Leipzig", sagte Nikolas erfreut. „Basti hat geschrieben, es geht alles klar. Wir können ihn besuchen!", rief er seiner Schwester zu.

Sebastian war ihr gemeinsamer Freund aus Kindergartentagen. Sie hatten schon zusammen im Sandkasten gespielt. Bis vor gut einem Jahr hatte Basti am Ende der Straße gewohnt, doch nun ging er in Leipzig aufs Internat und sang im berühmten Thomanerchor.

Er hatte schon mit vier angefangen, Klavier zu spielen und im Chor zu singen. Sein Musikschullehrer hatte das Talent des Jungen erkannt und ihn auf die Idee gebracht, nach Leipzig zum Thomanerchor zu gehen. Basti hatte die Aufnahmeprüfung bestanden. Seitdem wohnte er in Leipzig im Internat der Thomaner und reiste als Sänger des Thomanerchors durch die Welt. Lilly und Nikolas hatten ihn vermisst, doch nun würden sie die Welt der Thomaner kennenlernen und ihren Freund besuchen!

„Toll, wir haben ein ganzes Abteil nur für uns", freute sich Lilly, als sie und ihr Bruder Nikolas drei Wochen später mit Mama und Papa in den Zug einstiegen. Der moderne ICE brauchte nur 75 Minuten vom Berliner Hauptbahnhof nach Leipzig.

Nikolas' Handy piepste. „Super, Basti holt uns vom Bahnhof ab. Er durfte seine Gesangsstunde verschieben." Nikolas steckte das Handy wieder in seinen blauen Rucksack.

„Aber es sind doch schon fast Herbstferien", wunderte sich Lilly, „wieso hat er denn dann Gesangsstunden?"

„Nun", sagte Papa, „ihr wisst ja, dass Basti auf eine ganz besondere Schule geht. Die Thomasschule wurde schon vor über 800 Jahren gegründet. Rund 670 Schüler besuchen sie derzeit. Etwas mehr als hundert von ihnen sind musikalisch sehr begabt und singen im Thomanerchor. Sie üben jeden Tag singen. Nur, wenn sie am Ende der Schulzeit herausragend gut sind, haben sie eine Chance, auch wirklich als professionelle Sänger arbeiten zu können. Es gibt aber auch normale Klassen ohne Musikprofil."

„Das ist ja anstrengend – ach, haben wir es gut", seufzte Lilly. „Aber so viel zu singen, stelle ich mir schon toll vor."

„Aber du dürftest leider gar nicht im Thomanerchor mitsingen", wandte Papa ein. „Der ist nur für Jungen."

„Warum das denn?", fragte Lilly empört. „Das finde ich voll ungerecht!"

Mama beruhigte sie: „Der Thomanerchor ist zwar ein reiner Knabenchor, aber einen Mädchenchor gibt es in Leipzig auch, an der Schola Cantorum. Dort gibt es verschiedene Freizeit-Chöre für Kinder und Jugendliche, für Jungs und Mädchen."

In diesem Moment kam die Schaffnerin herein. „Die Fahr-karten bitte", sagte sie. Lilly und Nikolas bekamen bunte Kinderfahrkarten sowie zwei kleine Geschenktüten. Mit dem Spielzeug-ICE, dem Malbuch und Buntstiften darin verging die Fahrt wie im Flug.

„Wir sind gleich da", meinte Papa plötzlich. Alle zogen ihre Jacken an. Der Zug fuhr in den Bahnhof ein, und Papa nahm den Koffer. Ein Junge stand auf dem Bahnsteig und winkte heftig. „Da ist Basti!", rief Lilly und hüpfte vor Freude. Ihr Freund wirkte richtig erwachsen mit seinem dunkelblauen Herbstmantel, der roten Hose und den etwas längeren rotblonden Haaren. Oh, wie schön es war, ihn wiederzusehen!

# DIE THOMASKIRCHE

Kurze Zeit später standen sie am Johann-Sebastian-Bach-Denkmal vor der *Thomaskirche*. Basti wollte ihnen die Heimat des Thomanerchors zeigen. Dort sangen die Jungen fast jeden Freitagabend und jeden Samstagnachmittag die sogenannte Motette, eine mehrstimmige Andacht geistlicher Lieder.

Heute um 18 Uhr fand die letzte Motette vor den Herbstferien statt, bei der die Thomaner mitsingen würden – und Lilly, Nikolas und ihre Eltern durften dabei sein!

Aus der Kirche erklang bereits Orgelmusik. Touristen aus aller Welt schauten sich die berühmte Sehenswürdigkeit an. Basti, Nikolas, Lilly, Mama und Papa setzten sich in eine Bankreihe, und Mama fing an zu erzählen: „Die *Thomaskirche* ist schon sehr alt, sie wurde im 12. Jahrhundert gebaut. 1409 wurde im damaligen Thomaskloster die Leipziger Universität gegründet, und etwas später predigte Martin Luther hier."

Basti ergänzte: „Seit über 800 Jahren singt der Thomanerchor in dieser Kirche. Meine Eltern sind nicht gläubig, und ich war es bisher auch nicht, aber es ist etwas ganz Besonderes, in dieser Kirche zu sein. Es ist, als spüre ich Gott, wenn ich hier bin und singe."

„Wirklich?", fragte Nikolas. „Wie geht das denn?"

„Es ist so, als ob Mama einen in den Arm nimmt. Man fühlt sich so richtig geborgen. Und wenn wir alle gemeinsam singen, dann gibt das ein Gänsehautgefühl. Kommt, ich zeig euch mal oben die Empore, auf der wir nachher singen!"

Basti führte Lilly, Nikolas und ihre Eltern in einen Raum hinter dem Altar, in dem sie ihre Jacken ablegen konnten. Dann folgte die Familie Basti die Treppe hinauf zur Empore. Dort saß ein Mann an der Bach-Orgel und spielte. „Das ist Johannes Lang, unser Thomasorganist", sagte Basti leise und grüßte den Mann mit einem Lächeln, als sie vorbeigingen.

Die fünf schauten sich die beeindruckenden Glasfenster auf der gegenüberliegenden Seite an. Basti zeigte auf zwei Fenster in der Mitte, bei denen er die abgebildeten Personen mit Sicherheit benennen konnte: „Das ist Johann Sebastian Bach, und das ist Martin Luther." Nikolas überlegte, ob er einen der anderen Herren schon irgendwo in einem Buch gesehen hatte.

„Auf dem ersten Fenster – das ist Jesus", meldete sich Lilly zu Wort.

Papa zückte seinen Reiseführer und schaute nach: „Stimmt. Das erste Fenster ist das Gedächtnisfenster für die Gefallenen des Ersten Weltkrieges. Dann folgt König Gustav II. Adolf von Schweden. Er hat im Dreißigjährigen Krieg für die Protestanten, also die Anhänger des evangelischen Glaubens, gekämpft.

Daneben seht ihr Johann Sebastian Bach, den berühmten Komponisten und Thomaskantor – so nennt man den Leiter des Thomanerchors.

Bach hat den Chor von 1723 bis zu seinem Tod 1750 geführt. Und er hat sehr, sehr viele berühmte Musikstücke komponiert."

„Was heißt komponiert?", wollte Lilly wissen.

„Er hat die Musik geschrieben. Im vierten Fenster ist, wie Basti schon sagte, Martin Luther zu sehen, mit dem Kurfürsten Friedrich dem Weisen von Sachsen und Philipp Melanchthon. Beide waren Luthers Freunde. Luther hat die Kirche erneuert und die Bibel aus dem Lateinischen ins Deutsche übersetzt – was damals ein Skandal war."

Papa las weiter vor. „Dann folgt ein weiterer berühmter Komponist, Felix Mendelssohn Bartholdy. Er lebte von 1835 bis 1841 in Leipzig, hat in der *Thomaskirche* Orgelkonzerte gegeben und Chorkompositionen aufgeführt. Daneben ist Wilhelm I., der erste deutsche Kaiser." Papa schaute von dem Büchlein auf seine Kinder, die etwas gelangweilt dastanden.

„Macht nichts, wenn ihr euch die Namen nicht merken könnt. Sie werden euch alle irgendwann wieder begegnen, entweder im Geschichtsunterricht oder bei einem unserer nächsten Abenteuer."

Dann mischte sich Basti ein: „Das letzte Fenster ist das Friedensfenster. Das wurde erst 2009 angefertigt. Ihr müsst das mal erleben, wenn wir singen und die Sonne da hinein-scheint. Das bunte Glas leuchtet und funkelt, als wäre es aus Edelsteinen." Bastis Augen strahlten. „Fast so schön wie mein singender Saphir."

Basti holte aus seiner Hosentasche einen Ring. Er hielt ihn hoch in die Luft, sodass der blaue Stein im Licht glitzerte und der Ring golden strahlte.

„Wow, der ist aber schön", staunte Lilly. „Zeig mal her!" Lilly nahm Basti den Ring aus der Hand und hielt ihn sich an den Finger. „Damit sehe ich aus wie eine Prinzessin."

Papa schaute herüber. „Sehr hübsch! Aber der ist doch nicht echt, oder?"

„Keine Ahnung, aber mir ist er wichtig", sagte Basti. „Ein altes Familienerbstück. Ich habe ihn letztes Jahr beim Abschied von meiner Mutter geschenkt bekommen. Er soll mir Glück bringen. Abends lege ich ihn immer unter mein Kopfkissen, dann singt mir der Ring ein Einschlaflied, so wie es Mama früher immer gemacht hat. ‚Guten Abend, gut' Nacht' oder ‚Schlaf, Kindchen, schlaf'."

Lilly war überrascht: „Der Ring kann singen?!"

„Nein, nicht wirklich. Aber wenn ich es mir vorstelle, dann höre ich Mamas Stimme, und ich schlafe schnell ein."

Mama lächelte Basti ein wenig mitleidig an. Er hatte bestimmt gelegentlich Heimweh. Um ihn abzulenken, fragte sie ihn nach der großen Orgel. Basti steckte den Ring wieder in die Hosentasche und sagte: „Das ist die Sauer-Orgel."

Nikolas zog die Augenbrauen hoch. „Warum ist die Orgel denn sauer?"

Basti lachte: „Der Orgelbauer hieß Wilhelm Sauer. Er hat über 1.100 Orgeln gebaut. Die größten und bekanntesten befinden sich im Berliner Dom, in der Görlitzer Stadthalle und hier bei uns in der Leipziger *Thomaskirche*. Viele kommen hierher wegen des Klangs dieser Orgel – na und wegen uns natürlich! Hier oben stehen wir Thomaner nachher und singen. Diese Plätze dort sind für Eltern und Freunde reserviert, nachher könnt ihr da sitzen und zuhören." Rechts hinter der Orgel

führte eine Treppe wieder von der Empore hinab. „Dort in der Garderobe ziehen wir uns um."

Als Nächstes ging die Familie zur Großmann-Sakristei im hinteren Bereich der Kirche. „Hier stehen die Chorknaben zu Beginn des Ostergottesdienstes. Der ist um 6 Uhr früh am Ostersonntag. Der älteste Knabe hält eine angezündete Kerze in der Hand. Ansonsten ist das Kirchenschiff völlig dunkel. Stellt euch vor, jedes zweite Chormitglied und jedes zweite Gemeindemitglied hat eine Kerze, aber die sind noch aus. Der älteste Chorknabe trägt seine leuchtende Kerze nach vorne zum Altarraum. Und nun werden alle Kerzen nach und nach an der Osterkerze entzündet. Das Kirchenschiff wird immer heller und heller."

„Das sieht bestimmt wunderschön aus", sagte Mama.

„Das ist auch so ein Gänsehautmoment, in dem es in der Kirche knistert", bestätigte Basti.

Dann zeigte er ihnen den Eingangsbereich der Kirche. „Hier stehen immer ein paar Mitarbeiter oder Helfer, machen den Einlass und verkaufen die Karten und CDs."

„Das ist ja wie bei einem Rockkonzert", staunte Papa.

„Ja, wenn man so will, sind wir eine große Band." Basti lächelte.

„Und weltberühmt", sagte Mama. Die Familie ging durch das Kirchenschiff zurück. Gemeinsam betrachteten sie den Altarraum. Dort entdeckte Lilly auf dem Boden einen Stein,

auf dem in großen Buchstaben „Johann Sebastian Bach"
geschrieben stand.

„Da liegen angeblich die Knochen von Bach, aber ganz sicher
weiß man das nicht", erklärte Basti. „Eigentlich wurde er
nämlich auf dem *Johannisfriedhof der ehemaligen Johannis-*
*kirche* begraben, sechs Schritte von der Tür an der Südseite
oder so, steht in alten Aufzeichnungen. 1894 hat jemand die
Knochen mitten in der Nacht ausgegraben und erst mal in die
*Johanniskirche* gebracht. Als diese dann im Zweiten Weltkrieg
zerstört wurde, hat man sie in die *Thomaskirche* geholt, und
hier liegen sie nun."

Lilly und Nikolas staunten darüber, was Basti alles wusste. Dann
gingen sie durch die Tür an der Seite wieder in den Raum, in
dem sie zu Anfang ihre Jacken gelassen hatten. Sie zogen sich an
und gingen mit Basti zum Alumnat der Thomaner, dem Internat.
Die Eltern wollten währenddessen im Hotel einchecken.

# WO DIE THOMANER WOHNEN

Die Kinder rannten zu dritt die Straße entlang, die aus der Innenstadt führte. Sie lachten, und die Blätter tanzten in der Sonne. Nach einem etwa zehnminütigen Fußmarsch erreichten sie den Campus „forum thomanum". Am Eingang des Geländes stand ein großes blaues Schild: „forum thomanum – musikalischer Bildungscampus. 800 Jahre Thomaskirche, Thomanerchor, Thomasschule". Hier also lebten die Thomaner. Lilly war überrascht, weil das erste Gebäude links auf dem Campus ein Kindergarten war.

„Ja, seit einigen Jahren gehört auch eine Kita dazu", sagte Basti. „Die Kinder dort erhalten eine besondere frühmusikalische Ausbildung. Sie haben regelmäßig Musikstunden, singen viel, sprechen Verse und Reime und lernen spielerisch Musikinstrumente kennen."

Lilly erinnerte sich an ihre Zeit im Kindergarten. Singen hatte ihr immer viel Spaß gemacht. „Werden die Kinder aus diesem Kindergarten später Thomaner?", fragte sie Basti.

„Einige von ihnen. Aber auch in anderen Kindergärten in Leipzig und vor allem in den Grundschulen wird nach musikalischen Talenten gesucht. Mehr als die Hälfte aller Thomaner stammen aus Leipzig. Schaut mal, dort drüben, das ist das Alumnat!" Basti zeigte hinüber zu einem großen grauen Gebäude – ein altehrwürdiges Haus mit modernem Anbau. Durch riesige Fenster hindurch konnten sie den Probenraum der Thomaner erkennen.

Sie gingen über die kleine Straße. Durch den Zaun sah man eine große grüne Wiese. „Dort spielen wir am Nachmittag Fußball." Dahinter stand ein Klettergerüst. Nachdem sie das Gebäude umrundet hatten, standen sie vor der großen Tür am Eingang. Basti gab einen Zahlencode zum Öffnen ein. Zunächst gingen sie in Richtung Speisesaal, in dem große runde Tische standen. „Immer eine Stube versammelt sich an einem Tisch. Zu einer Stube gehören acht bis zwölf Jungen, jüngere und ältere. Die

älteren helfen den jüngeren und verteilen die Aufgaben. Einer von uns hat immer Tischdienst. Kommt, ich zeige euch den Studiersaal!"

An der Seite dieses Raumes standen riesige Bücherregale. Und es gab Tischreihen, an denen die Jungen lernen konnten. „Hier machen wir unsere Hausaufgaben, lesen und recherchieren im Internet für Referate." Basti zeigte auf die Computer am anderen Ende des Raumes. „Unser Tag ist gut strukturiert.

Schule, Chorprobe, Gesangsstunde, Klavierunterricht, draußen Fußball spielen. Da sind wir meist eins, zwei, fix mit den Hausaufgaben fertig. Wenn einer eine Frage hat, kann er einen Größeren fragen. So lernen wir besser und sind auch schneller selbstständig", erklärte Basti.

„Na, gib mal nicht so an!", knurrte Nikolas.

Basti grinste und führte seine Freunde zum modernen Probenraum, der komplett mit Holz ausgekleidet war. Vorn an der Wand hing ein Bildnis des großen Komponisten Johann Sebastian Bach. „Der Probenraum hat eine hervorragende Akustik, das bedeutet, die Musik klingt hier richtig gut", erklärte Basti.

Es waren sechs Stuhlreihen aufgestellt, auf denen der Chor Platz nehmen konnte. Vorn stand ein schwarzer Flügel. „Hier steht der Thomaskantor und dirigiert", zeigte Basti ihnen. Auf dem Flügel lag ein Stapel grün eingebundener Bücher, in denen die Bach-Motetten abgedruckt waren. Nikolas nahm ein Buch in die Hand und blätterte darin. „So viele Noten. Da blickt doch keiner durch", wunderte er sich.

„Es sind alle Stimmen des Chors abgedruckt: Sopran, Alt, Tenor und Bass", berichtete Basti. Basti schaute auf die Uhr: schon kurz nach vier. Er musste noch oben im Zimmer seine Sachen zusammenpacken. „In den Ferien schlafen wir nicht im Alumnat. Die meisten fahren nach Hause oder mit ihren Eltern in den Urlaub."

„Und du wirst mit uns Leipzig angucken und schläfst mit in unserem Hotel", freute sich Lilly.

Basti lief die Treppen hinauf, meldete seine Besucher beim Etagenerzieher an und riss die Tür zu seiner Stube auf. Auf einem der Betten saß ein Junge und ließ den Kopf hängen. „Hi, Samil", begrüßte Basti seinen Zimmergenossen. Er war ein Austauschschüler aus England und besuchte normalerweise dort ein Chor-Internat. Doch nun lebte und lernte er für sechs Monate bei den Thomanern. Sein Papa stammte aus Indien, seine Mama kam aus Berlin, darum sprach er auch Deutsch. Er baumelte mit den Beinen und sah irgendwie traurig aus. Basti wunderte sich, denn eigentlich fühlte sich Samil sehr wohl hier. „Was ist los?"

„Ich werde nicht nach Hause fliegen. Meine Oma ist sehr krank geworden. Mein Vater und meine Mutter sind nach Indien geflogen, um sie zu besuchen. Sie haben mich nicht mitgenommen, weil ihnen meine Ausbildung hier zu wichtig ist. Sie wollten mich nicht von der Schule nehmen, auch nicht für ein paar Tage. So haben sie entschieden, dass ich in den Ferien zu meinem Onkel nach Berlin fahren soll. Aber ich mag da nicht hin. Onkel Paul arbeitet den ganzen Tag und hat gar keine Zeit für mich. Das ist total langweilig."

„Du könntest dir doch Berlin angucken", schlug Basti vor. „Ich kann dir ein paar gute Tipps geben."

„Ach, mein Onkel lässt mich nicht allein durch die große Stadt fahren."

„Mhm." Basti konnte seinen Freund nicht aufmuntern. Wie gern würde er mit ihm seine Heimatstadt entdecken, aber er hatte ja andere Pläne. Um Samil auf andere Gedanken zu bringen, holte Basti den Saphirring aus seiner Hosentasche. Der Ring funkelte und glitzerte in der Sonne. Samils Augen leuchteten.

„Wow! Das ist ja ein echter Schatz. Wo hast du den denn her?"

„Meine Mutter hat ihn mir geschenkt, als ich letztes Jahr im Chor angefangen habe. Und sie hat ihn von ihrer Oma. Er ist schon sehr alt. Schau mal, hier ist sogar ein Name eingraviert! ‚Anna' steht da. ‚In Liebe. 7. Mai 1915'. Er soll mir Glück bringen. Vielleicht bringt er dir auch welches, wenn du ihn festhältst."

Samil hielt den Ring in seiner Hand. Er dachte an seine Oma, die jetzt irgendwo in einem Krankenhaus in Delhi lag. Und er dachte an seine Eltern, die bei ihr saßen. Wie gern wäre er jetzt bei ihnen. Sehnsüchtig schaute er auf den Ring. Das Blau leuchtete und schien ihm sagen zu wollen, dass alles gut werden würde.

Plötzlich war Samil nicht mehr so traurig. Er legte den Ring zurück in Bastis Hand und lächelte Basti an. „Ist schon okay. Ich fahre zu meinem Onkel nach Berlin. Morgen um 10 Uhr geht

der Zug vom *Hauptbahnhof.*"

Beide packten ihre Taschen, schlüpften in ihre blauen Matrosenanzüge mit den weißen Streifen an den Kragen und schnappten sich ihre Noten. Gemeinsam mit Lilly und Nikolas gingen sie hinunter auf die Straße.

Dort standen schon jede Menge andere Jungen und Männer. Die älteren Chormitglieder führten die Gruppe in Richtung *Thomaskirche.*

Nikolas und Lilly liefen mit. Die Eltern würden vor der *Thomaskirche* auf sie warten.

# DIE MOTETTE

Die *Thomaskirche* war hell erleuchtet. Der Altar mit dem Bild Jesu wirkte beinahe mystisch. Zwei Kerzen brannten, die weißen Säulen des Kirchenschiffes strahlten in hellem Licht. Die Reihen waren dicht besetzt mit Menschen, die dem Gesang der Thomaner lauschen wollten. Eltern und Freunde hatten auf der Empore links und rechts neben dem Chor Platz genommen. Lilly und Nikolas waren aufgeregt.

Andreas Reize, der derzeitige Thomaskantor, hob den Arm zum Einsatz und die Jungen begannen zu singen:

*„Fürchte Dich nicht. Fürchte Dich nicht. Ich bin bei Dir ...*
*Weiche nicht. Weiche nicht.*
*Denn ich bin Dein Gott.*
*Ich rette Dich. Ich rette Dich.*
*Ich helfe Dir auf.*
*Ich helfe Dir auf.*
*Ich halte Dich.*
*Ich halte Dich.*
*Ich stärke Dich. Ich stärke Dich."*

Die Jüngeren standen in der ersten Reihe, die älteren Chor-
schüler mit den tieferen Stimmen dahinter. Die ganze Kirche
wurde von ihren kraftvollen Stimmen erfüllt. Die Sänger folgten
aufmerksam den Handbewegungen ihres Chorleiters, dann
schauten sie wieder auf ihr Notenbuch. Sie sangen Ton für Ton
mit Begeisterung und erweckten so das Werk Johann Sebastian
Bachs zu neuem Leben.

Basti stand in der ersten Reihe. Er blickte kurz zu Nikolas und
Lilly hinüber. Beide strahlten übers ganze Gesicht. Neben Basti
stand Samil. Er sang zwar mit großem Ausdruck, in Gedanken
jedoch war er ganz weit weg – irgendwo in einem Krankenhaus
in Delhi. Wenn Gott ihm nur die Kraft geben könnte, dorthin zu
fliegen. Wenn Gott ihm einen Weg zeigen könnte. Oder wenn
er ihm Geld für ein Flugticket schenken könnte ...

Plötzlich klirrte es leise.
Der Saphirring war Basti
beim Umblättern aus
der Hosentasche
gefallen, aber er
hatte es nicht be-
merkt. Das nächste Musik-
stück folgte und noch ein weiteres, dann die Verbeugung und
der Auszug des Chors. Eine Hand griff nach dem Ring und
steckte ihn unauffällig in die Tasche.

Das Konzert endete mit tosendem Applaus. Die Jungen stiegen die Treppe hinter der Empore hinab. Basti verabschiedete sich von Samil. „Viel Spaß bei deinem Onkel in Berlin. Bist du immer noch traurig?"

„Ach nö. Danke noch mal. Wird bestimmt nett in Berlin."

„Auf jeden Fall", bestärkte ihn Basti. „Geh mal ins ‚Sealife' oder in den Tierpark. Ich muss dann." Basti lief mit seiner Reisetasche hinaus zum *Bach-Denkmal*, wo Lilly, Nikolas und deren Eltern schon auf ihn warteten.

„Mann, war das toll!", rief Nikolas anerkennend und klopfte Basti auf die Schulter. „Und das erlebt ihr jede Woche! So viele Leute und so eine tolle Atmosphäre. Wow!"

„Ihr seid echt eine klasse Truppe", ergänzte Papa. „Aber jetzt lasst uns erst mal ins Hotel fahren und Abendbrot essen. Ihr habt bestimmt alle Hunger."

Sie liefen gemeinsam zur Tram am *Augustusplatz*. Plötzlich fragte Lilly: „Hast du den Ring dabei? Zeig ihn mir doch noch mal. Er ist so schön!"

Basti griff in seine rechte Hosentasche: leer. Er griff in die andere: auch leer. Er war verunsichert. Er hatte doch den Ring vorhin beim Auftritt noch in der blauen Stoffhose des Matrosenanzuges gehabt. Hatte er ihn danach gar nicht wieder in die Jeans gesteckt?

„Mist! Der Ring ist weg!", rief er aufgebracht.

Lilly und Nikolas waren besorgt. „Wir müssen ihn suchen",
kam es wie aus einem Munde. Mama erklärte sich bereit, erst
einmal Bastis Reisetasche ins Hotel zu bringen. Papa begleitete
die Kinder zur *Thomaskirche* zurück. Sie suchten den ganzen
Weg ab. Sie schauten in alle Ecken. Doch nichts – der Ring war
nirgends zu finden.

Basti, Nikolas und Lilly stürmten in Bastis Zimmer im Alumnat,
um es zu durchsuchen. Samil, der auf seinem Bett saß und
indische Musik hörte, schaute auf. Lilly kroch auf dem Boden
herum. Basti durchwühlte seine Decken und Kissen. Nikolas
suchte im Schrank. „Eigentlich kann er gar nicht hier sein", sagte
Basti. „Ich hatte ihn doch noch während der Motette."

„Was sucht ihr denn?", fragte Samil.

„Mein Ring ist weg", stieß Basti hervor.

„Wir müssen zur Polizei gehen. Den Ring hat bestimmt jemand gestohlen", erklärte Nikolas ernst.

„Meint ihr wirklich?", fragte Samil.

„Wir gehen zur Polizei", sagte Lilly bestimmt.

Gemeinsam mit Papa gingen sie zur Polizeidirektion Leipzig in der Dimitroffstraße. Sie klingelten unten an der Tür. Ein Polizeibeamter öffnete. „Wir wollen Anzeige erstatten", sagte Basti. „Mein Ring wurde gestohlen."

Der Polizist setzte sich mit ihnen ins Büro und nahm den Fall auf. Sie saßen an einem riesigen Schreibtisch, und der Beamte tippte die Informationen in den Computer. „Wie sieht denn der Ring genau aus?"

„Es handelt sich um einen goldenen Ring mit einem großen blauen in Gold eingefassten Saphir. Innen gibt es eine Inschrift: ‚Anna. In Liebe. 7. Mai 1915‘."

„Hast du ein Foto von dem Ring?"

„Muss ich mal nachdenken. Ja, doch, in meiner Schatzkiste. Da ist ein Foto von meiner Mama mit dem Ring."

„Kannst du das Bild mit dem Handy abfotografieren und uns per E-Mail schicken?"

Basti nickte.

„Wo hast du den Ring zuletzt gesehen?"

„Als ich in der *Thomaskirche* war, hatte ich ihn in der Hosentasche."

„Wann ist der Ring abhandengekommen?"

„Während unseres Auftritts – zwischen 18 und 19 Uhr."

„Gibt es jemanden, der als Täter infrage kommt?"

Basti zuckte mit den Schultern: „Weiß nicht." Er schwieg.

Dann sagte er: „Links neben mir stand Samil und rechts Peter. Aber ..." Er druckste etwas herum. „Ach, der Ring wird sich schon wieder anfinden."

„Möchtest du, dass wir dir helfen?", fragte der Polizist freundlich.

„Ja."

„Gut, mein Junge. Dann geht jetzt ein Beamter von der Spurensuche noch mal mit euch zur *Thomaskirche*. Er wird mit der Taschenlampe vor Ort alles ganz genau absuchen. Du zeigst ihm alles. Okay?"

„Okay."

Sie gingen gemeinsam mit dem Polizisten zur Thomaskirche.

Der Beamte durchsuchte die Garderobe und die Empore, auf der der Chor gesungen hatte. Er kontrollierte die Sitzreihen, in denen die Eltern und Freunde gesessen hatten und den Bereich in der Nähe der Orgel. Auch unten ging er durch alle Sitzreihen und leuchtete mit seiner Taschenlampe in jede Ecke.

Er fand ein kleines Damentäschchen mit Lippenstift und Schminkzeug, aber ohne irgendwelche Wertsachen. Er fand eine rosafarbene Kindermütze, ein hellblaues Schnuffeltuch und ein paar Münzen. Aber den Saphirring fand er nicht. Die

Fundsachen nahm er mit auf die Polizeiwache und brachte sie ins Fundbüro. In seinen Bericht schrieb der Beamte: „Der Saphirring ist spurlos verschwunden. Der Tatort wurde gründlich abgesucht. Es gibt keinerlei Anhaltspunkte für das Vorliegen einer Straftat."

Basti war enttäuscht darüber, dass der Polizeibeamte den Ring nicht gefunden hatte. Er fuhr mit Nikolas, Lilly und ihren Eltern ins Hotel. Papa versuchte ihn zu trösten. „Bestimmt taucht dein Ring wieder auf. Und in der Zwischenzeit machen wir uns ganz tolle Ferien hier in Leipzig."

# MIT DEM ROTEN DOPPELDECKERBUS DURCH LEIPZIG

Am nächsten Morgen wachten Nikolas, Lilly und Basti früh auf. Gemeinsam mit den Eltern aßen sie ein leckeres Frühstück im Hotel: frische Brötchen, Müsli mit Joghurt und Obst, Eier, Orangensaft, für die Eltern Kaffee und für die Kinder Kakao. Natürlich war am Frühstückstisch der verlorene Ring das Thema Nummer eins. „Er ist einfach verschwunden", sagte Basti traurig. „Ach, Kopf hoch", tröstete Papa. „Heute drehen wir erstmal eine Runde mit den ‚Leipziger Stadtrundfahrten' und schauen uns das *Völkerschlachtdenkmal* an. Das lenkt dich bestimmt etwas ab."

Die Familie fuhr mit der Straßenbahn zum *Hauptbahnhof*. „Mama und ich holen die Tickets", bestimmte Lilly. Die beiden gingen in das Büro des Busunternehmens in der Richard-Wagner-Straße 2.

Noch war über eine halbe Stunde Zeit, bis der rote Bus abfuhr. Basti druckste etwas herum, dann traute er sich zu fragen: „Ist noch genug Zeit, dass ich Samil am Bahnhof ‚Tschüss' sagen

kann? Er fährt doch um zehn Uhr nach Berlin zu seinem Onkel."
Papa schaute auf die Uhr. „Gut, dann aber schnell. Und pass auf
dich auf."
Basti beeilte sich, um noch rechtzeitig am Bahnsteig zu sein.
Noch drei Minuten. Die letzten hundert Meter rannte er. Der
Zeiger der Bahnhofsuhr bewegte sich auf Punkt zehn Uhr zu. Es
war zu spät. Der Zug rollte langsam an und fuhr los.
Basti nahm sein Handy. In seinen Kontakten suchte er Samil und
drückte auf „Wählen". „Samil, bist du dran?"

„Ja." Er klang etwas verschlafen.

„Bist du im Zug?"

„Im Zug?" Einen Moment zögerte Samil. „Ja."

„Dann gute Reise", sagte Basti.

„Ja, danke. Hat die Polizei den Ring schon gefunden?", fragte Samil.

„Nö, sie haben überall gesucht, aber ohne Erfolg."

„Ach, der Ring wird sich schon wieder anfinden. Da bin ich mir ganz sicher."

„Na, dein Wort in Gottes Ohr." Basti schickte ein Stoßgebet zum Himmel.

„Was macht ihr heute?", erkundigte sich Samil.

„Wir machen eine Busrundfahrt und gehen zum *Völkerschlachtdenkmal*", brummte Basti.

„Wird bestimmt spannend. Na dann, viel Spaß!", rief Samil ins Handy.

Basti lief vom Bahnhof wieder zurück zur Bushaltestelle, wo der rote Doppeldeckerbus schon wartete. Mama und Lilly winkten mit den Bustickets. Papa und Nikolas bogen auch gerade um die Ecke.

„Na, das hat ja gerade noch geklappt", sagte Mama erleichtert.

Alle fünf stiegen in den Bus und kletterten die Treppe hinauf, weil sie oben sitzen wollten. Leider war das Verdeck heute geschlossen. Der Himmel war grau, und ab und zu regnete es.

Mama hielt einen Flyer in der Hand und lieferte ein paar Informationen: „Seit 2006 gibt es diese Bustouren, und inzwischen sind die roten Busse in Leipzig zu einem Wahrzeichen geworden. Der erste Bus war tatsächlich ein Londoner Doppeldeckerbus. Es gibt eine rote Tour durch die Innenstadt Leipzigs und eine grüne Tour durch die Außenbezirke. Wir haben uns für die rote Tour entschieden. Wenn wir wollen, können wir zwischendurch aussteigen und mit dem nächsten Bus weiterfahren." Der Bus fuhr los. Vorn saß eine junge Frau mit einem Mikrofon, die den Gästen erklärte, an welchen Sehenswürdigkeiten sie gerade vorbeifuhren.

„Der *Hauptbahnhof* war bis vor kurzem der größte Kopfbahnhof Europas. Das bedeutet, der Bahnhof war praktisch eine Sackgasse, die Züge mussten immer rückwärts wieder hinausfahren. Aber nun fährt seit einiger Zeit eine U-Bahn in die andere Richtung, sodass er diesen Titel nicht mehr tragen darf", erzählte die Stadtführerin. Die Tour ging vorbei an der *Oper*, am *Naturkundemuseum* und am *Leipziger Zoo*.

Hinter dem *Opernhaus* zog sich ein grüner Streifen entlang – dort stand einst die Leipziger Stadtmauer. Die Reiseleiterin berichtete: „Dort hat unsere frühere Bundeskanzlerin Angela Merkel in den 1970er-Jahren an archäologischen Ausgrabungen teilgenommen, während sie an der Leipziger Uni Physik studierte." Die Bustour ging weiter durch den Stadtteil Gohlis, vorbei am *Gohliser Schlösschen*, am *Schillerhaus*, am *Reclam-Haus* und am *Mückenschlösschen*. „Im *Schillerhaus* hat Friedrich Schiller den Sommer 1785 verbracht und das Gedicht ‚An die Freude‘ geschrieben, das später von Beethoven für seine neunte Sinfonie vertont wurde", erzählte die Reiseleiterin.

Mama begann leise zu singen: „Freude, schöner Götterfunken, Tochter aus Elysium, wir betreten feuertrunken, Himmlische, dein Heiligtum." Basti stimmte mit ein.

Lilly war etwas verwirrt. „Was, worum geht es?"

„Um die Freude", sagte Mama und lächelte.

Weiter ging die Fahrt, vorbei am *Sportforum* – der sogenannten „Red-Bull-Arena", durch den Stadtteil Plagwitz, der zusammen mit Schleußig auch gern „Klein-Venedig" genannt wird, weil die Häuser teilweise quasi über dem Wasser hängen. Dann fuhren sie am Drehort der Krankenhausserie „Sachsenklinik" vorbei und durch das Musikviertel. Langsam wurde Basti, Nikolas und Lilly langweilig, und sie wollten aussteigen.

„Der nächste Halt ist das Völkerschlachtdenkmal", hörten sie die Stadtführerin. Der Bus hielt.

„Na los, steigen wir aus!", sagte Mama.

„Super."

„Klasse!"

„Na endlich!", freuten sich die Kinder und rannten los.

# DER WEG DES RINGS

Ein Junge lief durch die Nikolaistraße, die viele Möglichkeiten zum Bummeln und Verweilen bot. In den Cafés genossen Leipziger und Touristen nach dem Regen die warme Herbstsonne. Doch dafür hatte der Junge keine Zeit. Er suchte einen Juwelier. Plötzlich stand er vor einem Laden, vor dem viele kleine Körbchen mit Steinen aufgebaut waren. „Der Krystall-Laden" stand mit großen Buchstaben darüber. Es gab Amethysten, Achate, Pyrit, Kristalle und vieles mehr.

Da entdeckte er auch eine Kiste mit Saphiren. Sechs Euro kostete ein Stein. Der Junge wunderte sich. Mehr nicht?

Er ging zu der Verkäuferin und fragte sie: „Guten Tag! Ich will wissen, wie viel Saphire wert sind."

Die Verkäuferin sah ihn mit großen Augen an. „Wie meinst du das?", fragte sie.

„ Ich möchte wissen ...", druckste er ein wenig herum. „Sagen wir mal, ich hätte einen Saphirring, wie

viel Euro könnte ich dafür bekommen?" Die Dame lächelte und schaute ihn noch immer fragend an. „Na, wenn ein Stein nur sechs Euro kostet, kann er ja nicht viel wert sein", beschwerte er sich mit leichtem Trotz.

„Die Steine dort in der Kiste sind Trommelsteine. Sie werden in einer Trommel mit Schleifmilch so lange gedreht, bis der gewünschte Rundungsgrad erreicht ist. So werden sie so schön glatt. Weil Trommelsteine nicht von Hand bearbeitet werden, sind die recht preiswert", erklärte die Verkäuferin. Doch die Erklärung befriedigte den Jungen nicht.

Die Verkäuferin führte ihn zu einer Vitrine, in der silberne Saphirringe lagen. 98 Euro standen auf dem Preisschild. Der Junge schüttelte nachdenklich den Kopf. „Ich dachte, die kosten viel, viel mehr."

Die Verkäuferin lächelte. „Das ist ein echtes Schmuckstück, in Jaipur handgeschliffen und facettiert. In unserem Laden gibt es schöne Ringe für den kleinen Geldbeutel. Wenn du dir teurere Ringe angucken möchtest, dann musst du zu einem Juwelier gehen. Versuch es mal am Markt."

Die Enttäuschung stand dem Jungen ins Gesicht geschrieben. Aber er gab nicht auf. Er verließ den Laden, ging an der *Nikolaikirche* vorbei und bog rechts ab. Dann ließ er „Auerbachs Keller" hinter sich, und schon stand er am Markt vor einem großen Juweliergeschäft. „Heinr. Schneider Gold und Silber" stand in großen goldenen Lettern darüber. Er entdeckte auch gleich im Schaufenster einen in Gold eingefassten Saphirring zu einem Preis von sage und schreibe 2.537 Euro. Hier war er richtig.

Schnell nahm er all seinen Mut zusammen und öffnete die Tür. Die Glocke an der Ladentür läutete. Zwei Frauen standen hinter dem Ladentisch. „Schönen guten Tag! Ich habe da im Schaufenster einen Saphirring für 2.537 Euro gesehen."

„Willst du den kaufen?", lächelte eine der Damen. Ihre Frage klang ein wenig amüsiert und vorsichtig.

„Nein!", sagte der Junge bestimmt. Er zog den Ring aus seiner Tasche. „Ich möchte diesen Ring hier verkaufen. Wie viel ist er wert?"

Die Frau mit den kurzen blonden Haaren und der Brille nahm den Ring in die Hand. „Der Ring ist aus 750er Gold, und der Stein scheint ein echter Saphir zu sein. Schätzungsweise ein halbes Karat, vielleicht ein wenig mehr. Ganz schön groß, das muss ich wirklich sagen."

„Ist er 2.000 Euro wert?"

„Vielleicht sogar mehr. Wir müssten ihn zur Wertermittlung nach Idar-Oberstein schicken. Die Prüfung kostet 60 Euro. Und es dauert zwei bis drei Wochen, bis uns das Ergebnis vorliegt." Die blonde Frau gab ihm den Ring wieder zurück.

„So lange?" Seine Stimme klang enttäuscht. „Dann sind die Herbstferien doch schon vorbei."

Die andere Dame mit den längeren grauen Haaren erklärte: „Wir können nur den Wert des Goldrings ermitteln, für den Saphir brauchen wir einen Experten. Idar-Oberstein ist die Edelstein-Hauptstadt von Deutschland."

„Woher hast du denn den Ring?", fragte die blonde Frau.

Der Junge erschrak. „Der Ring gehört einem Freund." Er rannte aus dem Laden, die Türglocke läutete, die Tür knallte. Was hatte er getan? ‚Dieb, Dieb, Dieb' hämmerte es in seinem Kopf.

# AUF SPURENSUCHE AM VÖLKERSCHLACHTDENKMAL

Als Lilly, Nikolas und Basti aus dem Bus stiegen, sahen sie den imposanten Koloss schon von Weitem. „Das *Völkerschlachtdenkmal*!", jubelten sie und rannten los.

Mama und Papa riefen: „Wartet!" Mama wollte ein Gruppenfoto vor dem Monument machen lassen. Sie fragte einen Mann, der gerade vorüberkam. Die Familie postierte sich gemeinsam mit Basti vor dem Wasserbecken, und der nette Mann drückte auf den Auslöser.

Dann nahm Papa seinen Reiseführer aus der Tasche und las vor: „Das *Völkerschlachtdenkmal* ist das Wahrzeichen Leipzigs, und das seit mehr als hundert Jahren. Das Denkmal erinnert an die Völkerschlacht in und um Leipzig im Oktober 1813, an der eine halbe Million Soldaten aus ganz Europa beteiligt waren. Das sind so viele Leute, wie heute in ganz Leipzig leben. Es war die bis dahin größte Feldschlacht Europas. Dabei kämpften Truppen aus Russland, Preußen, Österreich und Schweden gemeinsam gegen die Armee des französischen Kaisers Napoleon

Bonaparte. Es war die wichtigste Schlacht des Befreiungskrieges gegen Napoleons Herrschaft in Europa. Die verbündeten Heere brachten den Franzosen eine entscheidende Niederlage bei. Daraufhin zogen sie sich aus Deutschland zurück. Doch bei den Kämpfen starben rund 100.000 Menschen. 1913 wurde zur Erinnerung daran das Völkerschlachtdenkmal im Beisein des damaligen deutschen Kaisers Wilhelm II. eröffnet."

Nikolas und Papa gingen im Gebäude links vom Denkmal die Eintrittskarten kaufen. Dort gab es auch ein Mosaikheft, das Papa gleich kaufte. Er erzählte Nikolas, dass er als Kind die Abrafaxe geliebt und eine ganze Sammlung dieser Hefte hatte.

„In dieser neu erschienenen Geschichte entdecken die Abrafaxe das *Völkerschlachtdenkmal*. Genau wie wir", sagte Papa. „Ich bin gespannt."

Lilly und Mama hatten am Wasserbecken gewartet und dort Wasserläufer beobachtet. Die geschickten Tiere konnten mit ihren dünnen Beinchen problemlos auf dem Wasser laufen.

Basti schlenderte vor dem Eingang des *Völkerschlachtdenkmals* auf und ab. Sein Handy hatte gepiepst. Als er auf das Display schaute, hatte er eine Nachricht von einer ihm unbekannten Nummer erhalten: „Dein Saphirring ist in der Gruft des *Völkerschlachtdenkmals* vergraben – wo das blaue Licht dir leuchtet. Suche und du wirst finden." Basti war verwirrt.

Über dem Eingang des *Völkerschlachtdenkmals* stand in großen

Buchstaben „Gott mit uns". Ein Soldat in Ritterrüstung begrüßte die Besucher. Die Worte „Sankt Michael" umrahmten den Kopf der Statue. Papa und Nikolas kamen mit den Tickets.

„Auf geht's!", rief Papa.

„Auf geht's!", riefen Lilly und Mama zurück.

Basti kam zögerlich hinzu. „Was ist mit dir?", fragte Papa. Basti zeigte den vieren die SMS, die er gerade erhalten hatte.

„Das ist aber wirklich spannend." Papa war erstaunt. „Das wird eine richtige Schatzsuche. Dann lasst uns mal die Gruft mit dem blauen Licht suchen. Wobei es hier meines Wissens nach keine Gruft gibt, im Denkmal ist ja niemand beerdigt, es muss also noch etwas anderes sein." Gemeinsam stiegen sie die Stufen hinauf, die zu der großen Holztür führten, durch die sie in den Innenraum des Monuments gelangten.

Zunächst kamen sie in einen großen dunklen Raum, in dem ein Film über den Bau des *Völkerschlachtdenkmals* und die

Geschichte der Schlacht gezeigt wurde. Die Familie setzte sich auf die kleinen Bänke. Das Getrappel von Pferden und Schlachtgeräusche entführten sie 200 Jahre zurück durch die deutsche Geschichte: Napoleon, die Völkerschlacht, der deutsche Kaiser, der Erste Weltkrieg, die Nationalsozialisten, die Fackelumzüge der „Freien Deutschen Jugend" zu DDR-Zeiten und die Sanierung des Monuments in den letzten zwanzig Jahren.

„Nun haben wir genug Geschichtsunterricht gehabt." Papa lächelte. „Jetzt finden wir den Ort mit dem blauen Licht."

Sie betraten den Eingang des Fundamentbereiches. In der Tat leuchtete es von da unten tiefblau. Basti fühlte sich wie magisch angezogen. Er lief in die Richtung, aber der untere Bereich war abgesperrt. Wo sollten sie suchen? Konnten sie hier graben? Nein, sicher nicht. Basti schaute in die Tiefe hinab. Aber mit bloßem Auge war nichts zu erkennen.

Mama hatte inzwischen mit ihrem Handy herausgefunden, dass sie sich in der Brunnenhalle befanden.

„Wir müssen die Polizei verständigen", sagte Papa „Die sollen hier alles absuchen." Papa wählte mit seinem Handy die Nummer der Polizei. Er berichtete von der SMS und dem möglichen Verbleib des Rings in der Brunnenhalle.

„Wir kommen", hörte er den Beamten sagen.

„Bis die Polizei hier ist, schauen wir uns noch die Ruhmeshalle und die Aussichtsplattform an", schlug Papa vor.

In der Ruhmeshalle saßen riesige Steinfiguren. Die Kinder standen mit staunenden Blicken davor.

Papa sagte: „Die Figuren sind 9,60 Meter hoch. Sie symbolisieren Begeisterung, Glaubensstärke, Opferbereitschaft und Tapferkeit – also alles, was man von einem guten Soldaten erwartete."

Basti betrachtete die großen Steinkolosse, und es war ihm, als leuchtete aus ihren Augen blaues Licht. Ihm wurde schummerig vor Augen. Er setzte sich an den großen Fuß einer der Figuren.

„Alles klar?", fragte Mama. „Willst du etwas trinken?"

„Ja", flüsterte Basti. Mama gab ihm eine kleine Flasche Apfelschorle.

„Komm Basti, wir wollen doch noch auf die Aussichtsplattform." Nikolas drängelte ein wenig. Mama und Lilly nahmen den Fahrstuhl nach oben.

Papa, Nikolas und Basti entschieden sich, die Treppen hinaufzulaufen. „Ein bisschen Bewegung wird dir guttun. Das bringt den Kreislauf wieder in Gang", ermutigte Papa Basti. „Na los, wer als Erster oben ist!"

Die Jungs rannten hinauf. Von oben hatten sie eine wunderbare Aussicht über Leipzig.

„Da kommt das Polizeiauto!", rief Lilly. „Dann müssen wir wohl wieder hinunter."

Im Auto saßen zwei Polizeibeamte. Einer von ihnen war von der Spurensicherung. Die beiden Männer schauten sich die SMS auf dem Handy an und notierten sich die Handynummer. Dann gingen sie in die Brunnenhalle mit dem blauen Licht. Sie hatten Taschenlampen, Lupen und Material zur Spurensicherung, Pulver und Handschuhe dabei.

Die Polizisten kletterten hinab und durchsuchten alles genau. Doch sie fanden nichts. „Soweit wir das beurteilen können, war der Dieb überhaupt nicht hier. Es gibt keine Spuren. Keine

Fußspuren, keine Fingerabdrücke. Nichts. Das mit der SMS war wohl eine Fehlanzeige, aber wir werden prüfen, wer diese SMS geschickt hat", sagte einer der Beamten. Sie verabschiedeten sich, stiegen in ihr Auto und brausten davon.

Basti war enttäuscht. „So ein Aufwand und dann ist der Ring noch immer verschwunden."

„Na, das war doch eine heiße Spur", entgegnete Papa. Als die Familie in der Straßenbahn saß, die in Richtung ihres Hotels fuhr, schaute Nikolas zu dem Fernseher hinauf, der oben hing und las:

„60.000 Verbrechen im Jahr in Leipzig." Er war erstaunt – und entschlossen: Eines davon würden sie aufklären.

# AUENWALD UND SACHSENTHERME

Am nächsten Morgen schien wieder die Sonne und es war fast noch einmal sommerlich warm. Papa schlug einen Spaziergang im *Auenwald* vor. „Gibt es da Hobbits?", wollte Nikolas grinsend wissen.

„Nein, aber Luchse, Wildkatzen, Marder, Nerze, Waschbären, Wisente, Füchse, Eulen, Elche, Wildschweine ..."

„Ist ja gut, Papa, danke", unterbrach Nikolas seinen Vater lachend. „Es ist also ein Tierpark."

„Ja, mitten im *Leipziger Auenwald* liegt ein sehr schöner Wildpark", bestätigte Mama und versuchte, sich das Lachen zu verkneifen. „Auenwälder nennt man Waldgebiete, die oft überschwemmt werden und einen hohen Grundwasserspiegel haben. Hier wachsen Pflanzen, die es feucht, aber nicht sumpfig mögen. Der *Leipziger Auenwald* gehört zu den größten erhaltenen Auwäldern in Mitteleuropa. Hier wachsen vor allem Laubbäume wie Esche, Eiche und Ahorn."

Gleich am Eingang lag ein toller Spielplatz. Noch besser gefielen den Kindern allerdings die Hecken am Rand, in denen es zwischen knorrigen Bäumen tolle Verstecke gab.

Hier konnten sie sich in Ruhe zurückziehen und das Problem des verschwundenen Rings diskutieren. Was hatte sich der Dieb dabei gedacht, diese SMS zu schicken? Wollte er Basti, nachdem er ihn bestohlen hatte, nun auch noch verhöhnen? Oder hatte er ein schlechtes Gewissen bekommen und wollte den Ring zurückgeben? Warum hatte er es dann nicht getan? Und woher hatte er überhaupt Bastis Telefonnummer?

Irgendwann wurde es Mama und Papa zu langweilig auf ihrer Bank, und sie drängten zum Weitergehen. Und da die Kinder in ihren Überlegungen ohnehin keinen Schritt weitergekommen waren, kamen sie bereitwillig mit.

Der *Wildpark* im Auenwald war wirklich schön. Die Tiere lebten in großen Gehegen mitten in der Natur. „Schaut mal, ein weißes Reh!", rief Lilly begeistert.

„Ich glaube, das ist ein Damhirsch. Es gibt verschiedene Hirscharten, Rehe sind die kleinsten. Dann gibt es noch Rotwild und Damwild. Damhirsche – und zwar männliche und weibliche – gibt es in verschiedenen Farben, auch in Schwarz und Weiß. Schau mal, da hinten ist noch eins."

„Können wir die Tiere füttern?", fragte Lilly.

Die Eltern spendierten jedem Kind eine Packung Wildfutter für das Dam-, Rot- und Muffelwild im Park. Lilly, Nikolas und Basti bemühten sich, es gleichmäßig an alle Hirsche und Wildschafe zu verteilen. Sanft nahmen die Tiere mit ihren weichen

Lippen das Trockenfutter aus den flachen, ausgestreckten Kinderhänden entgegen.

Als es alle war, zogen sie weiter zum Schildkrötenteich. Hier entdeckten die Kinder schillernde Libellen in den unterschiedlichsten Farben und beobachteten sie eine Weile.

Am Russischen Blockhaus machten sie eine Pause, um Limonade zu trinken. Der ebenfalls von Russland inspirierte Holzspielplatz war jedoch eher für kleinere Kinder gedacht, darum beendeten sie ihren Rundgang. Für den Nachmittag hatten die Eltern versprochen, mit ihnen baden zu gehen.

Ihr Ziel war die *Sachsentherme* im Osten Leipzigs – ein Paradies für Kinder und Erwachsene. Lilly, Nikolas und Basti sausten begeistert die 120 Meter langen Wasserrutschen hinunter, ließen sich durch den Strömungskreisel treiben und tobten zwischen Wasserfällen und Fontänen. Vergessen war der verschwundene Ring – zumindest für eine Weile.

Erst als sie im Garten der Therme in Bademäntel eingewickelt auf bequemem Liegen in der Sonne lagen, um sich etwas auszuruhen, erinnerte das funkelnde Blau des Wassers im Außenbecken Basti wieder an seinen Verlust. „Wie soll ich das nur meiner Mutter erklären?", grübelte er.

„Gar nicht – weil wir den Ring nämlich finden werden!", erklärte Nikolas bestimmt. „Und jetzt schwimmen wir um die Wette! Wer zuerst im Wasser ist …"

# VERLOREN IM GONDWANALAND

Am Montag hatte Papa einen Besuch im *Zoo Leipzig* eingeplant. Lilly und Nikolas waren begeistert, denn sie hatten die Bewohner des Zoos schon oft im Fernsehen gesehen: in der Sendung „Elefant, Tiger & Co.", die regelmäßig im MDR und RBB ausgestrahlt wird. Sie wussten, dass der Zoo in verschiedene Erlebnisbereiche eingeteilt ist. Nikolas war besonders neugierig auf das „Gondwanaland", und Lilly wollte unbedingt das „Pongoland" sehen.

Von der Tramhaltestelle am Goerdelerring waren Nikolas, Lilly und Basti den Tierspuren gefolgt. Da lagen Bronzeplatten mit riesigen Fußabdrücken von Schimpansen, Löwen, Giraffen und Tapiren auf dem Bürgersteig. Nun standen die drei mit Mama und Papa am Eingang des Zoos am Ende einer Menschenschlange. Über dem Eingangstor wachte ein steinerner Löwenkopf. Der Zoo war recht voll, wie immer in den Ferien und am Wochenende. Aber obwohl die Schlange lang war, ging es zum Glück schnell.

Nikolas hielt den frisch erworbenen Plan in den Händen. Wie auf einer Schatzkarte waren dort Inseln, Wege und Flüsschen eingezeichnet. Mama und Papa wollten zunächst einen Kaffee trinken. Gegenüber gab es einen kleinen Spielplatz und eine Goldwäsche. „Lasst uns Gold waschen, Gold und Edelsteine. Mal sehen, vielleicht finden wir sogar einen Saphir", schlug Lilly vor.

Jedes Kind erhielt ein Goldwäschersieb und eine kleine Schale für die gefundenen Schätze. Nikolas, Lilly und Basti waren begeistert. Wie einst die Goldsucher in Amerika beugten sie sich über den kleinen Wasserlauf und siebten den Sand. Und siehe da! „Ich hab was!", rief Lilly. Mehrere kleine Goldstückchen und bunte Steine füllten nach und nach ihr Schälchen. Auch Nikolas und Basti wurden fündig. „Hat einer von euch einen blauen Stein?", fragte Basti.

„Ja, schau mal! Dieser hier. Der sieht doch aus wie ein Saphir", meinte Nikolas.

„Ja, nur schade, dass es nicht mein Ring ist."

„Mann, wo kann der bloß sein?", grübelte Nikolas. „Wollen wir die Polizei noch mal anrufen?"

Ihr Gespräch wurde unterbrochen, als Papa zum Aufbruch mahnte. „Der Zoo ist riesig. Wir wollen langsam los. Zeigt mal eure Schätze her." Die Kinder zeigten die kleinen Goldstücke vor.

„Das ist Pyrit. Man nennt es auch ‚Katzengold'", sagte Papa. Lilly streckte ihm ihre Edelsteine entgegen. „Sehr schön, der rosafarbene ist ein Topas und der orangefarbene ein Tigerauge." Das Katzengold und die kleinen Edelsteine, die die Kinder gefunden hatten, durften sie einpacken und mit nach Hause nehmen. Außerdem erhielten sie noch ein kleines Geschenk: einen Schutzengel aus Ton.

Basti betrachtete den kleinen blauen Stein. Für einen Moment war er etwas betrübt, dass sie ihre Zeit hier im Zoo verbrachten, während sie auf der Suche nach dem Saphirring noch kein einziges Stück weitergekommen waren. Papa sah, dass Basti traurig war und versuchte ihn aufzumuntern. „Lasst uns jetzt ins Gondwanaland gehen. Da begeben wir uns auf Entdeckertour durch ein Land vor unserer Zeit", sagte er.

Sie betraten eine riesige Halle. Hier war es tropisch warm, und sie entdeckten Krokodile und Echsen. Nach ein paar dunklen Gängen standen sie plötzlich inmitten eines riesigen

Dschungels mit tropischen Pflanzen. Sie hörten das Rufen der Totenkopfäffchen. „Da vorne ist die Anlegestelle der Boote. Kommt, wir fahren mit!" Nach ein paar Minuten Schlange stehen saßen sie mit etwa zehn anderen Menschen auf einem Dschungelboot.

Das Boot fuhr in eine dunkle, große Höhle. Wie im Kino sahen sie einen Film und wurden Zeugen des Urknalls, durch den das Universum entstanden war. Das Boot wackelte. „Total cool, oder?", flüsterte Nikolas Basti zu. Der nickte beeindruckt.

Die Erde wurde geboren. Wasser strömte und tropfte von der Decke. Das Leben entwickelte sich. Und das erste Land, auf dem die Tiere und Pflanzen lebten, hieß Gondwana. Es war ein großer grüner Kontinent. Wenig später erreichten sie wieder die Anlegestelle, von der aus sie ihre Reise in die Vergangenheit begonnen hatten.

„Na mal sehen, welche Tiere wir hier noch entdecken." Mama war in Entdeckerlaune. „Ich will mal zu den Totenkopfäffchen!", rief Lilly. „Die sehen so süß aus. Kann man die streicheln?"

„Wohl besser nicht", warnte Mama. Die Totenkopfäffchen saßen auf den Bäumen und auf dem Geländer, links und rechts neben einer Holzbrücke. Am Eingang dieses Bereiches stand ein Zoomitarbeiter und bat die Besucher, ihre Uhren und Ringe abzunehmen und auf die Brillen, Geldbörsen, Schlüssel und Mobiltelefone zu achten. Mamas von Kleinkindern sollten

auch die Schnuller einpacken,
denn die Totenkopfäffchen
schnappen sich alles, was
nicht niet- und nagelfest
ist.
„Zum Glück sind wir keine
Babys mehr", sagte Lilly.
„Zum Glück haben wir
keine Ringe dabei",
witzelte Nikolas.
„Sehr witzig", erwiderte Basti
trocken. Wer sich wohl seinen
Saphirring geschnappt hatte? Er
schaute einem Totenkopfäffchen ganz
tief in die Augen. Mit dem braungelblichen Fell, den braunen
Kulleraugen und der dunklen Schwanzspitze wirkten sie schon
niedlich, die kleinen Räuber.
„Abstand halten", mahnte der Zoomitarbeiter. Das Äffchen
machte ein abweisendes Geräusch und wickelte sich in seinen
Schwanz ein. Ganz eingekauert saß es nun auf dem Pfosten.
„Hier im Zoo leben nur männliche Totenkopfäffchen. Wenn
Frauen dabei wären, würden sich die Männchen dauernd
zanken und streiten." Papa zwinkerte. Er nahm seine Kamera
und machte ein Bild von Mama und den Äffchen.

Als Nächstes führte sie der Weg an einem großen Leguan vorbei. Wieder machte Papa ein Foto. Nikolas beobachtete die Faultiere. „Die haben's gut. Den ganzen Tag einfach nichts machen, nur an der Decke baumeln."

„Das wäre mir zu langweilig. Ich habe jetzt Lust auf Klettern!", rief Lilly. „Guckt mal, da kann man die Hängebrücke hinauf!" Sie rannte los. Die anderen kamen nach, aber Lilly war schneller. Da sich viele Menschen auf der Hängebrücke drängten, hatten sie das Mädchen bald aus den Augen verloren. Die Brücke führte bis zu einer Plattform an einem großen Baum.

„Wo ist Lilly nur hin?" Mama war etwas nervös. Sie hielt Ausschau, links und rechts. Doch Lilly war nicht zu sehen.

Mama lief hektisch über die Brücken und wieder zurück. Keine Lilly. „Okay, ihr bleibt hier, falls sie wieder herkommt, ich suche draußen und schaue, ob wir sie irgendwo ausrufen lassen können", sagte Mama und atmete tief durch, um die Panik zu bekämpfen.

Papa nickte. „Ist dein Handy an, damit wir dich erreichen können?"

„Ja." Mama stürmte los. Zum Glück musste sie nicht lange suchen. Sie entdeckte Lilly am Ausgang. „Gott sei Dank!", rief Mama und schloss ihre Tochter erleichtert in die Arme. „Tu das nie wieder! In Zukunft wartest du auf uns und stürmst nicht einfach alleine los!", sagte sie dann sehr streng.

Lilly versprach es, ohne zu zögern. Auch sie hatte sich mächtig gefürchtet, als der Rest der Familie plötzlich weg war.

Nach dem Schreck holte Papa erst mal für alle ein Eis. „Na dann, auf zum Pongoland!", verkündete er, als der letzte Krümel Eiswaffel aufgegessen war.

Am Eingang des Pongolands stand ein großer Truck, der wackelte und von einer Seite zur anderen geschüttelt wurde.

„Eine virtuelle Safari!" Nikolas war begeistert. „Können wir da mitfahren? Bitte!"

„Na gut." Papa war einverstanden. Die Familie und Basti setzten sich in den alten LKW. In dem dunklen Innenraum waren vorn

und hinten je ein Bildschirm befestigt. Auf dem Bild war zu erkennen, wie der Wagen sich in Bewegung setzte. Es rumpelte. Löwen näherten sich, und Giraffen knabberten an Blättern. Der LKW bremste, drehte und wendete. Er fuhr bis an ein Wasserloch. „Oh, das war knapp", lachte Papa. Er hielt sich an einem Griff fest, weil der Wagen so wackelte. Mama war sichtlich erleichtert, als die Fahrt zu Ende war und sie aussteigen konnten.

Dann waren sie im Pongoland, der einzigartigen Menschenaffenanlage. Dort konnten sie nicht nur Schimpansen, Bonobos, Gorillas und Orang-Utans beobachten, sondern auch den Verhaltensforschern bei der Arbeit zusehen. Ein Affe spielte mit einem Forscher Ball. Als Nikolas, Basti und Lilly die Sache näher betrachteten, sahen sie, dass es eigentlich kein Ball war, sondern ein kleines zusammengeknotetes Säckchen mit Futter. Der Affe knotete es auf und holte sich Körner und Rosinen heraus.

Als sie den Zoo verließen, war es schon später Nachmittag.

# SPAß IM GRASSI MUSEUM FÜR VÖLKERKUNDE ZU LEIPZIG

Am folgenden Morgen beim Frühstück packten Lilly, Nikolas und Basti ihre Schätze, die sie bei der Goldwäsche im Leipziger Zoo gefunden hatten, noch einmal aus. „So viel Gold und Edelsteine – ein richtiger Schatz!" Lilly freute sich.

„Schätze aus der ganzen Welt gibt es übrigens im *GRASSI Museum für Völkerkunde zu Leipzig*", sagte Mama und erntete interessierte Blicke.

„Oh ja, ich habe gehört, es soll ganz großartig sein", berichtete Basti. „Ich hab's aber noch nicht geschafft, hinzugehen."

„Na, dann gehen wir doch gemeinsam", schlug Papa vor. Und schon machten sie sich auf den Weg. Sie nahmen die Tram bis zur Haltestelle „Johannisplatz". Bevor sie ins Museum gingen, machten sie noch einen kleinen Schwenk zum *Alten Johannisfriedhof*. Während sie über den idyllischen Friedhof mit den hohen Bäumen und den verwitterten Grabsteinen spazierten, erzählte Mama, dass hier bis ins Jahr 1883 viele berühmte Leipziger begraben worden waren. Dazu gehörten

zahlreiche Thomaskantoren und die Eltern des Komponisten Richard Wagner. „Und Johann Sebastian Bach auch", warf Basti ein.

„Ja, stimmt", erinnerte sich Mama, „aber seine Gebeine liegen jetzt in der Thomaskirche, hast du uns erzählt, stimmt's?"

„Genau, und dort, wo heute das *GRASSI Museum* steht, befand sich früher ein Krankenhaus, das Johannishospital",

erklärte Papa. „In den 1920er Jahren wurde es abgerissen. Ein Museum für Völkerkunde war bereits 1869 von Leipziger Bürgern gegründet worden. Durch berühmte Unterstützer wie zum Beispiel Heinrich Schliemann, der nach der antiken Stadt Troja suchte, wuchs die Sammlung und man brauchte mehr Platz. Darum entstand hier am Johannisplatz ein neues, großes Museumsgebäude. Doch im Zweiten Weltkrieg wurde das Museum weitgehend zerstört und verlor ein Fünftel seiner Sammlung. Erst vor etwa zwanzig Jahren wurde das *GRASSI Museum* neu eröffnet."

Mama ergänzte: „Heute beherbergt der Gebäudekomplex drei Museen: das Museum für Angewandte Kunst, das Museum für Musikinstrumente und das Museum für Völkerkunde. Das Museum für Musikinstrumente werdet ihr sicher mal mit dem Chor besuchen, Basti. Wir wollen uns heute das Museum für Völkerkunde ansehen. Mit einer Sammlung von mehr als 200.000 Werken und Alltagsgegenständen aller Kontinente gehört es zu den bedeutendsten seiner Art weltweit. Es gibt Masken, Skulpturen, Stoffe, Schmuck und vieles mehr."

„Warum heißt es eigentlich *GRASSI Museum*?", wollte Nikolas wissen.

„Weil der Kaufmann Franz Dominic Grassi bei seinem Tod im Jahr 1880 der Stadt Leipzig viel Geld stiftete. Damit konnten das alte *GRASSI Museum* am heutigen Wilhelm-Leuschner-Platz und das *Gewandhaus* gebaut werden. Grassi liegt auch auf diesem Friedhof begraben."

Durch schmiedeeiserne Tore erreichten sie den Eingang des Museums und begannen mit ihrer Besichtigung. Sie gingen direkt in die zweite Etage des roten Gebäudes, um das Museum für Völkerkunde zu besuchen. „Hier wurde alles neu gestaltet!", erklärte die freundliche Dame, welche die Tickets

kontrollierte. „In diesem Raum links zum Beispiel findet ihr die größten Objekte. Rechts könnt ihr herausfinden, wie einige Gegenstände hierher ins Museum gekommen sind. Und gerade aus seht ihr den BONVENON Raum. Viel Spaß!".

Im Raum mit den Großobjekten bewunderte Niklas besonders die Boote aus Taiwan und China. Lilly entdeckte eine bunte Schaukel aus Gujarat in Indien.

Basti sichtete zwei steinerne Löwen aus China. Einer steht mit der Pfote auf einer Kugel, der andere Löwe stützt seine Pfote auf ein Löwenbaby. „Was mag das wohl bedeuten?", wundert er sich. Weil er tief in seine Gedanken versunken war, erschrak Basti, als hinter ihm eine Stimme ertönt. „Die darfst du berühren!", sagte ein Mann vom Wachpersonal lächelnd.

Basti gefiel besonders der BONVENON Raum. „Ein Raum nur zum Spielen? In einem Museum?" Er konnte es kaum glauben. „Hier gibt es aber noch mehr als nur Spiele", sagte der freundliche Wächter. „Du kannst hier auch Lesen, Dinge ertasten und in der Werkstatt Nähen oder Stricken lernen. Macht es euch gemütlich."

Das ließen sich die Kinder nicht zweimal sagen. Basti entdeckte auf einem der Tische ein Mancala Spiel. Freudig begannen die Freunde, kleine Spielsteine in die Schalen des Spielbrettes hüpfen zu lassen. Was für ein Spaß!

Als sie das Museum nach einem ausgiebigen Rundgang verließen, waren Lilly, Nikolas und Basti ganz begeistert von den vielen Schätzen aus aller Welt, die hier ausgestellt waren. Basti freute sich schon darauf, auch die anderen Teile des *GRASSI Museums* zu entdecken.

Vom Museum lief die Familie zum Augustusplatz. „Lasst uns auf das MDR-Hochhaus gehen", schlug Papa vor. „Wir machen ein Wettrennen, wer als Erster oben ist."

Gesagt, getan. Am Eingang angekommen, sahen sie das große Schild mit der Aufschrift „Panorama-Tower". Vor den Fahrstühlen war ein roter Teppich ausgelegt. Und auf ging es in die 29. Etage!

Die Fahrt dauerte nicht lange. Als die Türen sich öffneten, rannten Lilly, Nikolas und Basti schnell los, denn jeder wollte der Erste sein. „Halt, wo wollt ihr denn hin?", rief die Frau an der Kasse zur Aussichtsplattform aufgeregt. „Ihr müsst doch bezahlen!"

„Schon gut", sagte Papa und gab der Dame einen Geldschein. „Die gehören zu mir."

Die letzten Meter führte eine metallene Treppe hinauf. Papa und Mama gingen gemeinsam. „Das wäre eine gute Kulisse für einen Krimi", meinte Mama und versuchte, nicht nach unten zu sehen. Sie litt nämlich an Höhenangst. Oben hatten sie eine herrliche Aussicht über die Stadt Leipzig, wie sogar Mama zugeben musste. Papa kaufte für alle ein Eis, das sie sich mit Blick über die Stadt gut schmecken ließen.

# DER STEIN DES LÖWEN IM NATURKUNDEMUSEUM

„Ich möchte heute Vormittag gern ins *Naturkundemuseum* gehen", verkündete Mama am nächsten Morgen beim Frühstück. „Dort gibt es momentan eine Sonderausstellung über Australien. Ich bin gespannt, ob wir da etwas über Saphire erfahren. Ich habe gestern im Internet gelesen, dass der blaue Saphir in Australien, China, Vietnam, Kambodscha und Thailand abgebaut wird. Und im *Naturkundemuseum* gibt es nicht nur präparierte Tiere, sondern auch jede Menge Steine. Vielleicht haben wir Glück."

„Mich würde ja mal interessieren, ob der Saphir an dem Ring wirklich echt ist", meinte Lilly.

Basti nickte. „Ich glaube schon. Soweit ich weiß, war es der Verlobungsring meiner Uroma Anna."

„War dein Uropa Soldat?", fragte Mama.

„Ich glaube, sogar Offizier", antwortete Basti.

„Saphire werden ja auch in Nigeria und Kenia abgebaut", wusste Papa. „Vielleicht stammt der Saphir aus einer afrikanischen

Kolonie, in der deutsche Soldaten gekämpft haben. Möglich wär's."

„Wie können wir das denn rauskriegen?", hakte Nikolas nach.

Mama hatte eine Idee: „Am Freitag gibt es einen Vortrag in der Leipziger Kinderuni über Gold und Edelsteine. Da könntet ihr Professor Klöß fragen. Er ist Mineraloge und kennt sich bestimmt damit aus. Aber heute gehen wir erst mal ins *Naturkundemuseum*."

„Und was machen wir am Nachmittag?", fragte Lilly.

„Erst einen Stadtrundgang durch die Innenstadt Leipzigs und am späteren Nachmittag können wir ja noch zum Indoor-Spielplatz gehen", schlug Papa vor.

„Au ja", freute sich Lilly.

Basti schaute wieder auf sein Handy. Er war überrascht. Er hatte eine Nachricht von Samil: „Hi Basti. Ruf mich mal an. Ich bin krank und liege im Bett. LG Samil". Basti suchte unter Kontakte den Namen seines Freundes und wählte die Nummer.

„Hallo Basti."

„Hallo Samil, wie geht es dir?"

„Na ja, es geht so."

„Und wie geht es deinem Onkel?"

„Weiß ich nicht."

„Wieso?"

„Ich bin nicht zu meinem Onkel nach Berlin gefahren. Ich hab mich bei den Erziehern krank gemeldet und bleibe die Ferien über im Internat. Sie haben sich gut um mich gekümmert."

Basti machte große Augen. „Wieso hast du denn nichts gesagt?"

„Eigentlich wollte ich heimlich nach Indien fliegen. Aber irgendwie ging das nicht. Hab ja kein Geld."

„Verstehe."

„Was macht ihr heute?"

„Wir gehen am Vormittag ins *Naturkundemuseum* und am Nachmittag in die Stadt."

„Darf ich da mitkommen? Ich muss endlich mal wieder aus dem Zimmer raus. Und es geht mir auch schon viel besser."

„Ja, warum eigentlich nicht. Ich frag mal Lillys und Nikolas' Eltern." Die hatten nichts dagegen. „Du kannst mitkommen", verkündete Basti. „Wir treffen uns um 10 Uhr am Museum."

Die Familie fuhr von ihrem Hotel bis zur Tramhaltestelle „Goerdelerring". Von dort brauchten sie nur einmal die Straße zu überqueren, schon standen sie vor dem großen weißen Gebäude mit der Aufschrift „Naturkundemuseum". Papa öffnete den Reiseführer und berichtete: „Das Gebäude wurde 1838 als Höhere Bürgerschule erbaut. Seit 1923 beherbergt es das *Naturkundemuseum*."

Lilly schaute hinauf und quietschte: „Igit, eine Riesenspinne!"
Ein gewaltiges Plastik-Tier saß an der Wand.
Samil wartete schon vor dem Eingang. „Und wir dachten, du
bist in Berlin und guckst dir im Berliner Naturkundemuseum
unseren Eisbären Knut an." Nikolas lachte.

Samil nickte und holte tief Luft. Er hatte einen dicken Schal um und hustete. „Eigentlich gehörst du ins Bett", meinte Mama.

„Ach, ich habe schon drei Tage im Bett gelegen. Heute musste ich endlich mal wieder raus. Ich freue mich so, dass ich euch wiedersehe."

„Na, wir uns auch", sagte Basti.

Nun gingen sie alle gemeinsam ins *Naturkundemuseum*. „Das ist ja wirklich toll", staunte Papa. „Der Eintritt ist für Kinder und Erwachsene frei!"

„Super, dann können wir ja nachher noch ein großes Eis essen", verkündete Lilly.

„Da hast du recht." Papa schmunzelte. „Die Dame an der Kasse hat mir verraten, dass das *Naturkundemuseum* vor ein paar Jahren kurz vor der Schließung stand. Aber ganz viele Leipziger haben sich dafür eingesetzt, dass es erhalten bleibt."

Im unteren Bereich gab es die Sonderausstellung über die Tierwelt Australiens. Kängurus standen auf rotem Sand, und an den Wänden hingen Bilder der Aborigines. Basti ließ neugierig seinen Blick über die Wände wandern. Ob es hier irgendeinen Hinweis auf Saphire gab? Aber leider wurde er auch nach genauestem Erforschen der Ausstellungsstücke und Studieren der Texte nicht fündig.

Im zweiten Stock kamen sie in die Dauerausstellung. In einem Raum gab es zwei Bisons, ein Lama, eine Bergziege, einen Tapir und zwei Kängurus. Auf der anderen Seite des Raumes stand ein großer Löwe. Er war im Jahr 2000 im *Leipziger Zoo* gestorben, und nun hatte er seinen Platz hier im *Naturkundemuseum*. Hinter einer Glasvitrine befanden sich auch noch zwei große Eisbären.

Basti schaute ringsherum. Wieder wurde ihm etwas schummerig vor Augen, so wie schon im *Völkerschlachtdenkmal*. Er setzte sich auf einen Stuhl und zeigte mit dem Finger auf den großen Löwen. „Schaut doch mal! Das Auge des Löwen." Basti wischte sich den Schweiß von der Stirn, ihm war richtig heiß. Es war in der Tat ganz schön warm im *Naturkundemuseum*.

Nikolas, Lilly und Samil schauten alle gespannt zum Löwen.

„Das Auge des Löwen – es leuchtet blau!", sagte Basti.

„Wirklich?" Lilly schaute zum Löwen hinauf.

„Nein, es ist nicht das Auge", sagte Nikolas. „Es ist der Ring! Dein Saphirring!

Er liegt an einem Band auf dem Kopf des Löwen. Irgendjemand hat dem Löwen den Ring wie eine Krone über den Kopf gelegt!" Nikolas bat Basti, von seinem Stuhl aufzustehen. Dann nahm er den Stuhl, kletterte hinauf und holte den Ring samt dem schwarzen Lederbändchen vom Kopf des Löwen. „Da ist er! Endlich!" Basti setzte sich wieder auf den Stuhl und drückte glücklich den Ring an sich. „Das haut mich jetzt echt um. Wie mag der Ring bloß hierher gekommen sein?"

Alle schauten fragend in die Runde, bis die Blicke auf Samil gerichtet blieben. Der fühlte sich schuldig. Er schlug die Augen nieder und gestand: „Ich habe den Ring gefunden. Er ist dir während der Motette aus der Hosentasche gefallen, Basti. Ich habe ihn aufgehoben und in meine Hosentasche gesteckt."

„Warum hast du ihn mir nicht gleich wiedergegeben?", fragte Basti verwirrt.

„Ich wollte nach Indien zu meiner Oma und zu meinen Eltern."

„Wie denn das?"

„Ich wollte den Ring verkaufen und von dem Geld wollte ich mir ein Flugticket nach Delhi kaufen."

„Echt?" Basti war von der Idee beeindruckt.

„Aber ich habe mich das nicht getraut. Ich will doch kein Dieb sein!" Samil kauerte am Boden. „Es tut mir so leid." Er weinte.

„Ach Samil, weine doch nicht." Basti nahm Samils Hand, zog ihn zu sich hoch und umarmte ihn.

„Bist du mir nicht böse?", fragte Samil.

„Nein", sagte Basti. „Ich bin froh, dass du den Ring gefunden hast. Wenn ihn jemand anderes gefunden hätte, wäre er vielleicht nicht so ehrlich gewesen, ihn mir zurückzugeben.

„Den Rest der Ferien können wir gern gemeinsam verbringen. Morgen fahren wir ins *Belantis*", lud Mama Samil ein.

„Oh, das wäre echt super", strahlte Samil und trocknete seine Tränen mit dem Taschentuch, das Mama ihm gereicht hatte.

Papa schaltete sich ein: „Bei aller Freundschaft, Jungs. Wir müssen bei der Polizei Meldung machen. Die suchen immer noch nach dem Ring."

„Ja, richtig." Basti wollte das klären. Und Samil auch.

„Lasst uns eins nach dem anderen erledigen", wandte Mama ein. „Erst einmal wollen wir uns in Ruhe das *Naturkundemuseum* zu Ende anschauen. Dann essen wir eine Kleinigkeit. Um 13 Uhr ist der Stadtrundgang, den wir für heute geplant haben. Und danach gehen wir zur Polizei. Der Indoor-Spielplatz muss dann leider ausfallen."

„Gut", sagte Papa, „So machen wir das. Ich ruf kurz an und geb Bescheid, dass der Ring wieder da ist. Alles Weitere können wir dann bestimmt nachher auf der Wache zu Protokoll geben."

Basti, Nikolas, Samil und Lilly schauten sich solange den Bereich „Steine und Fossilien" an. Sie lernten etwas über die Entstehung des Sächsischen Granulitgebirges. Edelsteine gab es jedoch nicht.

Im dritten Stock des Museums leben Bienen in einem Kasten aus Holz hinter einer Glasplatte. Durch ein Glasrohr können sie hinein- und hinausfliegen, ohne in die Räume zu gelangen. Die Kinder beobachteten, wie sie ihre Waben bauten und umherkrabbelten. Lilly staunte über den Imker – eine lebensgroße Puppe in einem Schutzanzug.

# DIE FRIEDLICHE REVOLUTION UND GOETHE IN AUERBACHS KELLER

Nach den aufregenden Erlebnissen im *Naturkundemuseum* hatten sie Hunger. „Lasst uns zum indischen Restaurant in die Nikolaistraße gehen. Ich habe vorhin gesehen, dass man dort für kleines Geld essen kann", schlug Papa vor.

„Hey, super Idee!" Samil freute sich, und alle anderen waren auch begeistert. „Ich nehme Mango Lassi, Gobi Pakora und Chicken Biryani", bestellte Samil.

„Das will ich auch", verkündete Lilly. Nikolas und Basti nickten zustimmend.

„Na, dann nehmen wir das doch einfach alle", meinte Papa. Vom Restaurant war es nur ein Katzensprung bis zum Startpunkt des Stadtrundgangs. Sie liefen gemeinsam zur Richard-Wagner-Straße 2, wo sie vor drei Tagen schon die Bustickets gekauft hatten. Dort stand ein älterer Herr mit einem Regenschirm, der den Stadtrundgang leitete. Er stellte sich als Herr Napirski vor. Die Gruppe folgte ihm die Ritterstraße hinunter. Sie machten Halt vor einer Kirche.

Herr Napirski erzählte: „Das ist die *Nikolaikirche*. Ab November 1982 trafen sich dort Menschen montags zum Friedensgebet. 1988 erhielten diese Veranstaltungen zunehmend politische Bedeutung. Immer mehr Menschen kamen in die Kirche. Sie wollten Rede-, Meinungs- und Reisefreiheit in der DDR erwirken. Im Sommer 1989 wurden die Grenzen zu Ungarn geöffnet und etlichen Menschen gelang es, über diesen Weg in den Westen auszureisen. Aber viele wollten auch hier in der DDR etwas verändern und deshalb gingen sie auf die Straße.“

Sie standen in der Nähe der großen Steinplatte, auf der in goldenen Buchstaben geschrieben stand „9. Oktober 1989“. Nikolas entdeckte die Platte zuerst. „War da die Wiedervereinigung nicht schon längst vorbei?“, fragte er. „Die war doch am 3. Oktober!“

„Sehr gut, junger Mann“, sagte Herr Napirski. „Die Einheit Deutschlands wurde tatsächlich am 3. Oktober vollzogen – aber erst 1990. Die friedliche Revolution hatte schon über ein Jahr früher begonnen. Und ein entscheidendes Ereignis war die Montagsdemo am 9. Oktober 1989. Da haben sich 70.000 Menschen im Anschluss an das Friedensgebet hier auf dem Platz versammelt und sind von der *Nikolaikirche* Richtung Oper und dann auf den ‚Ring‘ gelaufen. Ich war einer von ihnen. Wir hatten große Angst, dass die Polizisten auf uns schießen

würden. Aber als wir am *Hauptbahnhof* vorbeiliefen, zogen sich die Sicherheitskräfte zurück. Die Demonstration verlief friedlich. Die Leipziger SED-Bezirksleitung hatte versucht, mit der Regierung in Berlin zu telefonieren, und sie hatten einen Schießbefehl erwartet. Aber in Berlin ging keiner ans Telefon."

Da war es wieder, dieses Gänsehautgefühl, von dem Basti in der *Thomaskirche* gesprochen hatte. Sie alle spürten es.

Herr Napirski schmunzelte: „Ich habe da einen Satz gehört, den Lenin gesagt haben soll: ‚Eine revolutionäre Situation gibt es dann, wenn die oben nicht mehr können und die unten nicht mehr wollen.' So muss es gewesen sein. Nun haben Sie etwa zwanzig Minuten Zeit, sich die Kirche in Ruhe anzusehen. Es gibt auch eine kleine Ausstellung über dieses spannende Kapitel deutscher Geschichte. Hier draußen auf dem Platz steht eine Säule, die den Weg der Revolution von der Kirche aus auf die Straße veranschaulicht. Außerdem symbolisieren 144 in den Boden eingelassene Leuchtsteine, wie nach und nach immer mehr Bürger an der friedlichen Revolution teilnahmen. Wie ein Leuchtfeuer entflammte der Wille zur politischen Meinungsäußerung in der Öffentlichkeit. Wenn Sie im Dunkeln hierherkommen, dann leuchten die Steine."

„Oh ja, Papa, das müssen wir mal machen", bettelte Lilly.

„Ich weiß nicht, ob wir dafür diesmal noch genug Zeit haben", gab Papa zu bedenken.

Zwanzig Minuten später traf sich die Gruppe wieder vor dem Eingang zu *Specks Hof*, gleich gegenüber der *Nikolaikirche*. Das war die älteste erhaltene Ladenpassage in Leipzig.

Herr Napirski sprach nun über die Leipziger Messe und den Handel in der Stadt. Im Inneren der Höfe bestaunten die

Besucher die Sonnenuhr mit Klangschalen. Der Stadtführer demonstrierte, wie sie funktionierte. Mit leicht auseinandergestellten Beinen stellte er sich vor die Sonnenuhr und rieb rhythmisch an beiden Griffen, sodass das Wasser im Becken in Schwingungen geriet und einen gleichförmigen Klang von sich gab.

„Cool", sagte Nikolas, „das will ich auch mal probieren." Er stellte sich ebenfalls so hin und rieb an den Griffen, aber es wollte nicht gelingen. Andere aus der Gruppe versuchten es, aber man brauchte viel Fingerspitzengefühl. Gelang es jemandem, wurde gleichzeitig die Uhrzeit auf dem Boden sichtbar. Basti las den eingravierten Spruch vor:

*„So wie ihr Augen habt, um das Licht zu sehen,*
*und Ohren, um Klänge zu hören,*
*so habt ihr ein Herz, um damit die Zeit wahrzunehmen.*
*Anno 1999"*

Der Stadtrundgang ging weiter in Richtung „Auerbachs Keller" in der *Mädler-Passage*. Vor einigen beinahe lebensgroßen Bronzefiguren machten sie Halt.

„Wer sind die denn? Die sehen ja gruselig aus", flüsterte Lilly.

„Links stehen der Teufel Mephisto und der Gelehrte Faust. Und rechts siehst du die von Mephisto verzauberten Studenten",

erklärte Papa. „Es ist eine Legende. Wir werden sicher gleich mehr darüber erfahren."

Inzwischen waren alle Teilnehmer des Stadtrundgangs vor Auerbachs Keller" eingetroffen. „Wir stehen hier vor der ältesten und berühmtesten Schankstube Leipzigs", erklärte Herr Napirski.

„1525 wurde ‚Auerbachs Keller' von einem Mann namens Heinrich Stromer eröffnet. Er stammte aus Auerbach in der Oberpfalz.

Eines Tages soll ein Professor für Astrologie und schwarze Kunst namens Johann Faustus aus Wittenberg mit seinen Studenten hier vorbeigekommen sein.

Er sah, wie zwei Männer sich mit einem schweren Weinfass quälten, das sie die Treppe hinaufschleppen wollten. Faustus spottete und sagte: ‚Das kann doch einer allein.' Der Wirt, der das hörte, meinte: ‚Wem dies gelänge, dem gehöre das Fass voll Rebensaft.' Faustus soll daraufhin auf dem Fass hinausgeritten sein. Natürlich wunderte man sich, wie er das gemacht hat. Es muss wohl der Teufel mit im Bunde gewesen sein."

„Ja, da war bestimmt Zauberei im Spiel", überlegte Lilly. Aber ob ein Professor für schwarze Kunst dafür den Teufel brauchte oder ob er selbst magische Fähigkeiten hatte, wusste sie nicht. Herr Napirski setzte seine Ausführungen fort: „Sie können gern gleich einmal runtergehen und sich alles anschauen.

Unten im sogenannten *Goethekeller* hängen Bilder vom legendären Fassritt, die 1625 von Stromers Urenkel in Auftrag gegeben wurden. Dadurch erhalten die Kellergewölbe eine ganz besondere sagenumwobene Atmosphäre und bieten eine tolle Kulisse, in der heute regelmäßig Theateraufführungen und Lesungen stattfinden. Der berühmte Dichter Johann Wolfgang von Goethe soll als 16-Jähriger hier gewesen sein. Er war von der Geschichte so beeindruckt, dass er sich zu seinem Drama ‚Faust' inspirieren ließ.

‚Auerbachs Keller' wurde durch das Theaterstück weltberühmt. Goethe beschrieb, dass Doktor Heinrich Faust mit Mephisto einen Bund eingegangen ist. Der brachte Faust in ‚Auerbachs Keller', um ihm zu zeigen, wie einfach es ist, das Leben zu genießen. Mephisto zauberte Wein für Faust und seine Studenten. Sie tranken viel, verspotteten das Leben, die Menschen, die Kirche und die Liebe. Doch der Wein verwandelte sich plötzlich in Feuer. Die wütenden Betrunkenen gingen mit Messern auf Mephisto los. Mit Zauberkraft gelang es Mephisto, gemeinsam mit Faust aus ‚Auerbachs Keller' zu fliehen."

Lilly, Nikolas, Basti, Samil und die Eltern stiegen die Stufen hinab und warfen einen Blick in den beeindruckenden Saal. Die Wände waren holzvertäfelt und mit Gemälden behangen.

In einer Ecke stand ein großes Fass, auf dem zwei Puppen saßen: Faust und Mephisto. Kellner mit roter Weste bedienten die

Gäste. Alles machte einen sehr vornehmen und altehrwürdigen Eindruck.

„Da muss man sich aber richtig gut benehmen, wenn man hier essen gehen will", schmunzelte Mama.

Links im Eingangsbereich konnten die Kinder hinter einer Glasscheibe den Köchen zusehen. Da wurden Kartoffeln geschwenkt und Leipziger Allerlei gekocht. Mama schaute kurz in die Kinderkarte.

„'Hexenküche für die Kleinen'. Das wäre sicher etwas für unseren nächsten Besuch in Leipzig."

Sie gingen hinaus in Richtung Markt. Dort sprach Herr Napirski über das *Alte Rathaus*, ein bedeutendes Renaissance-Gebäude mit einer besonders schönen Fassade. Er zeigte ihnen das *Goethe-Denkmal* und die *Alte Waage* und berichtete über den Naschmarkt, den es bereits seit 1556 gibt.

Samil ließ den Blick schweifen und plötzlich sah er das Juweliergeschäft, in dem er vor fünf Tagen gewesen war und in dessen Schaufenster ein Ring für 2.537 Euro lag. Sofort fiel ihm der Saphirring wieder ein. Er zog Basti an der Jacke: „Wir wollten doch noch zur Polizei."

In diesem Moment beendete Herr Napirski den Stadtrundgang. Die Leute klatschten.

„Tja, dann gehen wir jetzt zum Polizeirevier, damit wir ausführlich Meldung machen können", sagte Papa.

Kurze Zeit später klingelten sie im Revier. Der gleiche Polizeibeamte wie beim letzten Mal öffnete die Tür. „Na, dann erzählt mal", sagte er.

„Mein Saphirring hat sich wieder angefunden", erklärte Basti.

„Na wunderbar", freute sich der Beamte. „Und wo habt ihr ihn gefunden?"

„Im *Naturkundemuseum*", antwortete Lilly.

„Na, das ist ja eine Überraschung!", sagte der Beamte. „Hat der Dieb den Ring etwa zwischen den Steinen versteckt?"

„Nein", widersprach Basti. „Der Löwe hatte den Ring als Krone auf dem Kopf."

„Ihr seid ja lustig. Das habt ihr wohl bei ‚König der Löwen' gesehen?" Dann wurde der Tonfall des Beamten wieder strenger. Er räusperte sich. „Und wisst ihr, wer der Dieb war?"

Samil senkte schuldbewusst den Kopf und murmelte leise: „Ich war's!"

„Wie heißt du?"

„Samil Singh."

„Wie alt bist du?"

„Neun Jahre."

„Hast du den Ring gestohlen?"

Samil druckste einen Moment herum und sagte dann: „Nein, habe ich nicht. Ich habe ihn aufgehoben, als er Basti aus der Hosentasche fiel. Während der Motette am Freitag."

„Und dann hast du ihn nicht gleich wieder zurückgegeben?"

„Nein, ich wollte … Wissen Sie, meine Oma in Indien ist sehr krank. Und meine Eltern sind hingeflogen und haben mich hiergelassen. Ich wäre so gerne auch nach Indien geflogen."

„Verstehe. Du wolltest den Ring verkaufen und von dem Geld nach Indien fliegen. Wir haben deine Spuren verfolgt, junger Mann – deine Erkundigungen im ‚Krystall-Laden' und im Juweliergeschäft. Und deine Handynummer haben wir auch nachverfolgt."

Samil kniff die Lippen zusammen. „Das Handy habe ich mir nur von jemandem ausgeborgt, der hat damit gar nichts zu tun!"

Der Polizeibeamte sah ihn scharf an, brummte dann aber doch etwas Zustimmendes.

„Komme ich jetzt ins Gefängnis?" Samil sah ganz blass aus.

„Nein, das nicht. Du hast dich straffällig gemacht, aber du bist nicht strafmündig."

„Was heißt das?", fragte Samil verängstigt.

„Da du unter 14 Jahre alt bist, bleibst du straffrei. Aber wir müssen deine Eltern informieren und die Chorleitung des Thomanerchors, in deren Obhut du stehst."

Samil flüsterte ganz leise: „Muss das unbedingt sein? Es tut mir leid. Es war ein Fehler. Ich will kein Dieb sein. Ich bin doch gerade für sechs Monate Thomaner und will das auch bleiben. Bald fahren wir nach Peking."

„Das kann ich alles gut verstehen", sagte der Polizist. „Auch, dass du unbedingt nach Indien wolltest. Aber es ist nun einmal nicht in Ordnung, Dinge wegzunehmen. Das muss dir klar sein. Da kann eine erzieherische Maßnahme angebracht sein."

Basti mischte sich ein: „Ich habe Samil verziehen. Er ist mein Freund."

„Die Frage ist dann, ob du, Samil, deinem Freund Basti eine Wiedergutmachung in irgendeiner Form leisten kannst", erwiderte der Polizist.

„Wenn wir morgen ins *Belantis* fahren, kann ich Basti, Nikolas und Lilly ein Eis ausgeben. Und ich könnte für Basti zwei Wochen lang das Bett machen und Schuhe putzen."

Der Polizeibeamte schmunzelte. „Na, das ist wohl Strafe genug. In diesem Fall können wir darauf verzichten, die Chorleitung zu informieren. Bist du damit einverstanden, Basti?"

„Ja, klar!", sagte Basti.

„Und in Zukunft musst du auf deinen Ring besser aufpassen, junger Mann. Ich habe gehört, dass er sehr wertvoll ist."

„Geht klar", versicherte Basti.

„Na, dann noch eine schöne Zeit in Leipzig!" Der Polizeibeamte reichte allen die Hand und verabschiedete sich.

# EIN AUFREGENDER TAG IM BELANTIS

Nun, wo das Rätsel um den verschwundenen Ring gelöst war, konnten sie am Donnerstag unbeschwert mit dem Bus in den Freizeitpark *Belantis* südlich von Leipzig fahren. Durch die Torbögen des zauberhaften „Schloss Belantis" betraten sie den Park. Lilly steuerte mit Mama direkt auf das Kettenkarussell zu, während die „Männer" sich auf den Weg in das „Tal der Pharaonen" machten. Nikolas, Basti, Samil und Papa konnten es kaum erwarten, den „Fluch des Pharao" zu entdecken.

Sie durchquerten eine Grabkammer, an deren Ende ein großes Schlauchboot auf sie wartete. Nach einigen Kurven erreichten sie das Innere der Pyramide, in der ein Grabräuber die Totenruhe des Pharaos störte. Ob das eine gute Idee war? Im Schatten der Totenmaske des Tutanchamun fuhren sie mit einer Art Fahrstuhl zur Spitze der Pyramide hinauf. Plötzlich sahen sie einen hellen Lichtschein, auf den das Boot unaufhaltsam zugeschoben wurde. Dann stürzten sie in die Tiefe.

Das Boot sauste an der Außenwand der Pyramide entlang nach unten. Sie schrien aus Leibeskräften, bis sie mit einem großen Platsch im Wasser landeten, das nun von allen Seiten ins Boot spritzte. Doch das Abenteuer war noch nicht zu Ende: Das Boot trieb in einen Wasserstrudel hinein, immer schneller, bis sie in einen Tunnel hineingezogen wurden. Dort stieß es mehrmals gegen die Wände. Neben ihnen toste ein Wasserfall. Wieder wurden sie nass.

„Ich glaub, ihr müsst euch erst mal trocken pusten lassen",
meinte Mama, die mit Lilly am Ausgang der Wildwasserbahn
auf sie wartete. Sie schickte die Jungs und Papa zum Fami-
lientrockner. Lilly beobachtete solange, wie die nächsten
Abenteuerlustigen aus der Pyramide nach unten sausten und
war insgeheim froh, dass sie noch keine 1,40 Meter groß war
und darum keiner auf die Idee gekommen war, sie könnte
mitfahren.

Bei der Wüstenrallye flitzten anschließend alle Kinder gemeinsam mit kleinen Elektroautos und -motorrädern durch die
Gegend. Dann gingen sie weiter zum „Strand der Götter". Die
„Fahrt des Odysseus", bei der sie mit einem Boot langsam an
Schauplätzen der griechischen Mythologie vorbeischipperten,
war den Kindern fast ein wenig zu langweilig. „Poseidons Flotte"
war eher nach ihrem Geschmack. Sogar Lilly steuerte ihr Boot
jauchzend immer wieder rasant nach innen und außen, dass es
nur so spritzte und ihre Haare im Fahrtwind flogen. „Und jetzt
zum ‚Götterflug'?", fragte Papa.

Der Anblick der Menschen, die in enormer Höhe wie Vögel im
Kreis flogen und dabei wilde Loopings drehten, verursachte
nicht nur Lilly und Mama ein mulmiges Gefühl. Praktisch
gleichzeitig schüttelten die Kinder energisch die Köpfe.

„Dann der ‚Drachenflug' im ‚Land der Grafen'?", schlug Papa
als Nächstes vor. Dieses Karussell war genauso hoch, und

Papa erntete ein erneutes Kopfschütteln. Lilly, Nikolas, Basti und Samil amüsierten sich lieber mit den Wackelrädern und erkundeten „Robins Versteck" auf der „Insel der Ritter". Auf diesem tollen Spielplatz vergaßen alle vier, dass sie ja eigentlich schon groß waren. Sie tobten und kletterten, bis Mama und Papa zum Essen an „Tucks Bratenfeuer" riefen. Erstaunlicherweise gab es dort Chicken Nuggets, Pommes und Fanta, aber niemand beschwerte sich.

Gut gestärkt sausten sie mit der Familienachterbahn „Drachenritt" um die Ritterburg. Bei den steilen Kurven und der Berg- und Talfahrt lernten die Chicken Nuggets jedoch fliegen und ihnen wurde etwas flau im Magen.

„Ich war kurz davor, meine Chicken Nuggets rückwärts zu essen", stöhnte Basti, als sie die Burg verließen. Wieder an der frischen Luft ging es ihnen bald besser – was auch gut war, denn im „Labyrinth von Avalon" wartete die nächste Herausforderung.

„Hier geht's lang!", rief Lilly, die ein besonderes Talent dafür hatte, in Labyrinthen den richtigen Weg zu finden. Und Tatsache: Lilly führte ihre Familie und Freunde direkt in die „Prärie der Indianer".

Eine Frau in der traditionellen Kleidung der amerikanischen Ureinwohner zeigte den Kindern, wie sie sich aus Leinenstreifen und etwas Farbe ein cooles Stirnband basteln konnten. Dann lauschten sie in einem der Tipis den Abenteuern von Winnetou, streichelten die Kaninchen und Ziegen im „Tal der Tiere" und folgten dem „Pfad der Mutigen".

„Wer kommt mit Kanu fahren?", fragte Mama. Lilly und Samil waren sofort dabei, während Papa, Nikolas und Basti sich „Belanitus Rache" stellten: Im Riesenschwungpendel wurden sie ordentlich durchgeschaukelt.

An der „Küste der Entdecker" im Fischerdorf „Caldetas" erwartete sie mit der „Black Pirate" ein interaktives Spiel- und Abenteuerschiff, auf dem die Kinder riesigen Spaß hatten, während Mama und Papa auf der „Terraza del sol" einen Kaffee tranken. Piratenkapitänin Lilly und ihre tapferen

Männer eroberten die Schatzinsel, den Wasserspielplatz und die Piratenrutsche. Anschließend lieferten sie sich eine heiße Piratenschlacht mit Softballkanonen.

Gemeinsam mit Mama und Papa bestanden sie „Capt'n Blacks Piratentaufe", indem sie sich todesmutig vom Mast in die Tiefe stürzten. Und nachdem Mama das trotz Höhenangst überstanden hatte, traute sie sich auch noch mit den Kindern und Papa auf die Riesenschiffsschaukel „Santa Maria".

In die riesige Achterbahn „Huracan" mit ihren Loopings und Schrauben wagte sich dagegen nur Papa. Allen anderen reichte das Zusehen schon völlig. Mama murmelte sogar etwas von „lieber barfuß durch die Wüste laufen, als da einsteigen".

Zurück im Hof von „Schloss Belantis" drehten sie zum Abschied eine entspannte Runde mit „Buddels Tanz". Den Namen hatte das Karussell von Maulfwurf Buddel, dem Maskottchen des Freizeitparks. Dann gab Samil seinen neuen Freunden im Schlosscafé noch ein Eis aus, wie er es versprochen hatte.

# DER PROFESSOR UND DER WERT DES RINGS

Nachdem sie am Freitagvormittag den Besuch im Indoor-Spielplatz nachgeholt hatten, stand am Nachmittag der Besuch in der Kinderuni auf dem Programm. Um 16.30 Uhr hielt Professor Gert Klöß seine Vorlesung „Märchenhaftes Gold – Die wundersamen Eigenschaften eines edlen Minerals". Nikolas, Lilly, Basti und Samil waren gespannt, wie es sich anfühlen würde, in einem Vorlesungssaal zu sitzen. Und sie hatten Bastis Saphirring mitgebracht.

„Wie viel mag der Ring wert sein?" Nikolas und Samil interessierte diese Frage nach wie vor. Lilly wollte wissen, aus welchem Land der Saphir stammte. Basti war einfach froh, dass er seinen Ring wieder hatte.

Vom Augustusplatz war es nur ein kleiner Fußweg bis zum großen und modernen Universitätsgebäude. Beeindruckt bestaunten die Kinder die Fassade. An der Tür zum Hörsaal verabschiedeten sich die Eltern, sie würden sie am Ende der Vorlesung wieder abholen.

Im Raum hatten schon sehr viele Kinder Platz genommen. Sie hatten Stifte und Papier dabei. Die Stühle und Tische in den langen Reihen konnte man herunterklappen. Die vier drängten sich in eine Reihe, und Basti legte den Ring vor sich auf seinen Platz.

Professor Gert Klöß betrat in einem weißen Hemd und mit einem kleinen Laptop in der Hand den Saal. Er strich sich das halblange dunkelbraune Haar aus dem Gesicht und startete sogleich die Powerpoint-Präsentation:

- *Gold ist ein Metall, das in kleinen Stückchen, sogenannten Nuggets, in der Natur vorkommt.*
- *Gold ist ein chemisches Element mit dem Formelzeichen ‚Au'.*
- *Gold hat eine hohe Dichte, darum sind schon kleine Mengen recht schwer.*
- *Gold ist selten und daher wertvoll. Für ein Kilogramm Gold bekommt ihr um die 60.000 Euro.*
- *Gold hat eine sehr hohe elektrische Leitfähigkeit. Deshalb wird es häufig in der Industrie verwendet.*

Basti hielt den Ring in seinen Händen – er wog sicher nicht mehr als ein paar Gramm.

Gert Klöß fragte in die Runde, ob alle das Märchen von „Hans im Glück" kannten. „Ja", sagten die meisten Kinder.

„Könnt ihr euch vorstellen, wie schwer der Klumpen Gold war, den Hans im Glück bekam?" Der Professor zeigte ein Bild aus einem Märchenbuch. „So wie er hier abgebildet ist, wog er mindestens 17,5 Kilogramm. Der arme Hans – da hatte er ganz schön zu schleppen. Kennt ihr auch das Märchen von ‚Hänsel und Gretel'?"

Wieder riefen alle „Ja!".

„Im Menschen ist auch Gold. Wenn Gretel die Hexe im Ofen verbrannt hat, kann sie danach in der Asche nach Gold suchen. Sie wird ungefähr ein Gramm Gold finden." Die Kinder staunten. Gert Klöß brachte noch weitere Beispiele aus der Märchenwelt und vermittelte den jungen Zuhörern so viel Wissen über das kostbare Metall.

Nach der Vorlesung gingen Lilly, Nikolas, Basti und Samil zu Herrn Klöß. „Danke für den tollen Vortrag", sagte Basti. „Können Sie uns vielleicht auch sagen, wie viel dieser Ring wert ist?"

Der Professor nahm den Ring, den Basti ihm hinhielt, in die Hand, und las die Inschrift: „‚Anna. In Liebe. 7. Mai 1915'." Er sah die Prägung: 750er Gold, nickte nachdenklich mit dem Kopf und meinte: „Das ist in der Tat ein echter Goldring mit einem echten Saphir." Die Augen der Kinder leuchteten. „Saphirringe, die so alt sind, sind mit sehr, sehr hoher Wahrscheinlichkeit echt. Die Saphire stammen oft aus Afrika oder Asien, zum Beispiel aus Sri Lanka oder Indien. Heutzutage werden Saphire künstlich hergestellt. Hier ganz in der Nähe gab es eine Fabrik, die nannte sich ‚Elektrochemisches Kombinat Bitterfeld'. Dort wurden unter anderem Saphire hergestellt. Es kam mal eine Dame zu mir, die hatte einen ganzen Koffer voll solcher künstlicher Saphire. 10.000 Stück. Damals war einer nur fünf Euro wert, heute wären es vielleicht 20 Euro. Die Dame war enttäuscht. 50.000 Euro. Sie hatte sich mehr erhofft."

Professor Klöß machte eine kleine Denkpause. „Euer Ring mag 3.000 Euro wert sein, womöglich sogar 5.000 Euro. Wenn ihr es genau wissen wollt, müsst ihr ihn prüfen lassen, am besten in Idar-Oberstein bei einem spezialisierten Schätzer."

Die Kinder schauten sich staunend an. Basti hielt einen echten Schatz in den Händen. Zur Erinnerung machten sie noch ein Foto mit Professor Klöß. Und den Saphirring hielt Basti dabei stolz nach oben wie eine Trophäe.

In Zukunft würde er viel, viel besser darauf aufpassen und ihn nicht mehr einfach in der Hosentasche herumtragen. Vielleicht würde er sich von seinen Eltern zum Geburtstag eine schlichte goldene Kette wünschen, um den Ring zu besonderen Anlässen sicher um den Hals tragen zu können. Ansonsten gehörte er wohl eher in einen Safe.

Als sie das Hochschulgebäude verlassen hatten, klingelte Samils Handy. Seine Augen leuchteten. „Mama!", rief er erwartungsvoll. Dann verdüsterte sich sein Gesicht. Seine Freunde sahen ihn neugierig an. Sicher hatte der Polizeibeamte Samils Eltern angerufen und ihnen die Geschichte mit dem Ring erzählt. Jetzt gab es bestimmt ein ordentliches Donnerwetter.

Doch im Laufe des Telefonats hellte sich Samils Gesicht immer weiter auf. Als er aufgelegt hatte, strahlte er. „Meine Eltern haben zwar geschimpft, aber sie verstehen, warum ich den Ring behalten habe, und sie verzeihen mir. Meiner Oma geht es besser. Sie braucht noch ein paar Wochen Ruhe, dann kann sie sogar wieder reisen. Weihnachten kommt sie nach Leipzig! Sie kann es kaum erwarten, Deutschland zu besuchen und mich hier singen zu hören. Und meine Eltern fliegen übermorgen schon zurück nach London."

„Das ist ja großartig!", rief Lilly aus, was alle dachten.

„Dann können wir ja morgen beruhigt wieder nach Hause fahren und wissen, dass bei euch alles in bester Ordnung ist", sagte Mama. „Und vielleicht kommen wir Weihnachten auch nach Leipzig, um euch singen zu hören."

*– Ende –*

FERIEN ABENTEUER

Jörg F. Nowack

Illustrationen von Sabrina Pohle

# Schatzsuche zwischen Saale und Unstrut

## Lilly, Nikolas und die Himmelsscheibe von Nebra

LESEPROBE

Biber & Butzemann

# AUF SCHATZSUCHE IM EINSTIGEN „LAND DER FRÜHAUFSTEHER"

„Frühaufsteher" – wie Lilly dieses Wort hasste! Vor allem jetzt gerade! Obwohl Ferien waren, mussten sie und ihr Bruder Nikolas heute zeitig aufstehen – um nach Sachsen-Anhalt zu fahren. Früher hatte sich das Bundesland „Land der Frühaufsteher" genannt. Heute nennt es sich „Ursprungsland der Reformation", hatte Mama erzählt, aber das mit den Frühaufstehern kam Lilly immer noch ziemlich verdächtig vor. Man sagte zwar „Der frühe Vogel fängt den Wurm", aber Lilly war definitiv eher eine Eule als eine Lerche, und der frühe Vogel konnte sie mal gern haben.

Mama hatte manchmal echt komische Ideen. Seit ihr Kollege vor einigen Monaten von einer Motorradtour zurückgekommen war und ihr von der Saale-Unstrut-Region erzählt hatte, wollte sie unbedingt dorthin, um mit dem Rest der Familie auf Schatzsuche zu gehen. Ganz überzeugt war Lilly davon nicht.

Trotzdem quälte sie sich aus dem Bett und schlich ins Bad. Dort war Papa noch dabei, sich zu rasieren und pfiff ein fröhliches Lied. Auch das noch! Lilly blieb heute wirklich nichts erspart.

Eine halbe Stunde später saß sie gemeinsam mit ihrem Bruder, Mama und Papa beim Frühstück, und alle ließen es sich schmecken. Jetzt sah der Tag schon etwas besser aus. Die Koffer, Taschen und Rucksäcke waren gepackt, und gleich nach dem Frühstück lud Papa das Gepäck in den Kofferraum des Autos. Sobald alle angeschnallt waren, gab er auch schon Gas. Lilly und Nikolas vertrieben sich die Zeit mit Lesen.

„Gibt es hier wirklich echte Schätze?", wollte Lilly wissen, nachdem sie die Landesgrenze zwischen Brandenburg und Sachsen-Anhalt überquert hatten.

„Natürlich", antwortete Mama. „Die liegen zwar nicht in dunklen Höhlen in Kisten versteckt wie im Märchen, aber ich verspreche euch, wir werden in den nächsten Tagen gemeinsam einige Schätze entdecken."

Lilly spürte so ein Kribbeln in der Bauchgegend, wie immer, wenn sie aufgeregt war. Auch Nikolas wurde unruhig und fragte neugierig: „Woher wissen wir denn, wo die Schätze liegen?"

„Das werden wir schon herausfinden, wenn wir da sind", beruhigte ihn Papa.

„Ich bin auch schon ganz gespannt auf die ältesten Zaubersprüche der Welt und würde gerne mehr darüber erfahren", sagte Mama.

„Richtige echte Zaubersprüche?", wollte Lilly ganz aufgeregt wissen, und auch Nikolas sah man die Neugier schon an der Nasenspitze an.

„Ja, echte Zaubersprüche!", bestätigte Mama. „Und richtig alt sind sie auch. Aber bis wir sie kennenlernen, vergehen noch ein paar Tage. Heute erkunden wir erst mal eine uralte Darstellung des Himmels, und danach ziehen wir in unser Hotel ein."

Nachdem Papa die Autobahn verlassen hatte, durchfuhren sie eine hügelige Gegend. Schließlich kamen sie am Rande einer Stadt entlang und fuhren bald in einem Dorf über eine kleine Brücke.

„Seht ihr, wie komisch das Haus dort oben aussieht?", fragte Mama, aber Papa war schon weitergefahren und die Kinder hatten nichts mehr sehen können.

„Macht nichts, gleich sehen wir es von Nahem!", versprach er.

Nach ein paar hundert Metern bog er auf einen Parkplatz ein, und alle stiegen aus. An einem Imbiss stärkten sie sich mit Rostbratwürsten.

Als sie aufgegessen hatten, schulterten sie ihre Rucksäcke und machten sich auf den Weg. Es ging bergauf. Immer wieder kamen ihnen Leute entgegen, die sich angeregt unterhielten. Nach einer Weile sahen sie links auf dem Berg ein außergewöhnliches Gebäude. Es war gelb und seine Enden wie die einer Banane leicht nach oben gebogen. „Das ist ja das Haus von Herrn Kakmann!", rief Lilly begeistert.

„Wie bitte?", fragte Papa verwirrt, während Mama anfing zu lachen und Nikolas zustimmend nickte.

# DIE ARCHE NEBRA

„Hier in der *Arche Nebra* wurden einige Szenen für ‚Bibi & Tina'
gedreht. Im Film ist sie das Haus des fiesen Geschäftsmannes
Herr Kakmann", klärte Mama Papa auf. Papa wiederum erzählte,
dass es sich in Wirklichkeit um ein Gebäude handelte, das in der
Nähe der Fundstelle eines großen und bedeutenden Schatzes
als Besucherzentrum errichtet worden war. Als Lilly und Nikolas
mit ihren tausend Fragen nicht lockerließen, setzten sie sich auf
halbem Weg auf eine Bank und Papa begann zu erzählen.

„Vor einigen Jahren – ihr wart beide noch nicht geboren – machten sich zwei Schatzjäger auf, um am Mittelberg in der Nähe
von Nebra nach Orden und Münzen zu suchen, um sie zu Geld
zu machen. Dazu benutzten sie Metallsuchgeräte, sogenannte
Detektoren. Sie staunten nicht schlecht, als sie statt kleiner
Gegenstände auf einmal einen großen Teller aus Metall und
außerdem zwei Schwerter, Beile, einen Meißel und Armreifen
fanden. Das Gesetz besagt, dass Schätze jeder Art dem Bundesland gehören, auf dessen Territorium sie gefunden wurden.
Doch das interessierte die beiden Männer nicht. Sie verkauften
die Gegenstände weit unter ihrem Wert. Vermutlich hatten
sie nicht die blasseste Ahnung, welch bedeutenden Fund sie

gemacht hatten. Zudem zerstörten sie die Fundstelle, als sie die Gegenstände selbst ausgruben. Das taten sie sehr stümperhaft, sodass die große Scheibe, die sie zuerst für einen alten Deckel gehalten hatten, am Rand sogar beschädigt wurde. Auf allerlei Umwegen gelangten die Scheibe und die anderen Gegenstände in die Schweiz. Dort konnte ein mutiger Mann sie mit Hilfe der Schweizer Polizei den Kunstschmugglern entreißen, und so kam die Scheibe schließlich ins *Landesmuseum für Vorgeschichte* in Halle. Hier entpuppte sich dieser Fund als eine wahre Sensation. Die bronzene Scheibe enthielt goldene Einlegearbeiten und war mindestens 3.600 Jahre alt. Sie entstand also, noch bevor die ägyptischen Pyramiden gebaut wurden. Außerdem, so stellte

sich bei den Untersuchungen der Wissenschaftler des Museums heraus, handelte es sich bei der Abbildung auf der Bronzescheibe um die älteste bekannte konkrete Darstellung des Himmels weltweit. Die Schatzdiebe wurden vor Gericht gestellt und verurteilt. Die Scheibe aber gilt seitdem als Weltsensation. Sie gehört zum UNESCO-Dokumentenerbe ‚Memory of the World', was so viel wie ‚Erinnerung der Welt' bedeutet. Und weil sie hier im Wald bei der Stadt Nebra gefunden wurde, bekam sie den Namen ‚Himmelsscheibe von Nebra'. Hier in der *Arche Nebra* kann man mehr über die Geschichte der Himmelsscheibe erfahren. Das Gebäude wurde extra für die Ausstellung entworfen und gebaut. Aber nun lasst uns weitergehen!"

Also stiefelten sie weiter den Hügel empor. Auf dessen Spitze wuchs das Gebäude immer weiter in die Höhe. Als sie davorstanden, war es viel größer als es von unten ausgesehen hatte.

Papa kaufte Karten für die Ausstellung und machte mit der Kassiererin gleich einen Termin für die Vorführung im Planetarium aus. Gemeinsam kraxelten sie die steilen Stufen in die Ausstellungsetage hinauf. Die Vorstellung begann in fünf Minuten, also konnten sie gleich in den Saal. Lilly und Nikolas waren ja schon einmal im Planetarium in Jena gewesen. Aber das, was sie in diesem Kuppelsaal mit den roten Stühlen erlebten, war etwas völlig anderes. Ein spannender Film erzählte ihnen viel über das Aussehen, die Geschichte und die Besonderheiten der Himmelsscheibe.

Lilly und Nikolas waren beeindruckt, welch umfangreiches Wissen die Menschen in der Bronzezeit gehabt hatten und wie sie ihre Kenntnisse in der Himmelsscheibe verschlüsseln konnten. Mama schwärmte noch beim Hinausgehen von der schönen Gestaltung dieser bronzezeitlichen Arbeit.

In der Ausstellung erfuhren sie noch mehr Interessantes über die Himmelsscheibe. Papa fotografierte Nikolas mit einer Nachbildung der Himmelsscheibe in der Hand. Die war ganz schön schwer und hing an einer Kette. (...)

## Tourist-Information

Katharinenstraße 8
04109 Leipzig
www.leipzig.travel

## Stadtrundfahrten

www.leipzigerstadtrundfahrten.de

## Thomaskirche und Neues Bach-Denkmal

Thomaskirchhof 18
04109 Leipzig
www.thomaskirche.org

## Völkerschlachtdenkmal

Str. des 18. Oktober 100
04299 Leipzig
www.stadtgeschichtliches-museum-leipzig.de/besuch/unsere-haeuser/
voelkerschlachtdenkmal-forum-1813

## Zoo Leipzig

Pfaffendorfer Str. 29
04105 Leipzig
www.zoo-leipzig.de

## Grassi Museum für Völkerkunde

Johannisplatz 5-11
04103 Leipzig
www.grassimuseum.de

## Naturkundemuseum Leipzig

Lortzingstraße 3
04105 Leipzig
www.naturkundemuseum.leipzig.de

## Leipziger Auwald

Waldstraße 175
04105 Leipzig
www.leipziger-auwald.de/front_content.php

## Sachsen-Therme

Schongauerstraße 19
04329 Leipzig
www.sachsen-therme.de

## Kinderuni Leipzig

Ritterstraße 12
04109 Leipzig
www.home.uni-leipzig.de/kinderuni

## Gohliser Schlösschen

Menckestraße 23
04155 Leipzig
www. gohliserschloesschen.de

## Reclam-Museum

Kreuzstraße 12
04103 Leipzig
www.reclam-museum.de

## Nikolaikirche Leipzig

Nikolaikirchhof 3
04109 Leipzig
www.nikolaikirche.de

## Alter Johannisfriedhof

Täubchenweg
04103 Leipzig
www.leipzig.de/freizeit-kultur-und-tourismus/parks-waelder-und-friedhoefe/parks-und-gruenanlagen/alter-johannisfriedhof

## Aussichtsplattform Panorama Tower

Augustusplatz 9
04109 Leipzig
www. panorama-leipzig.de

## Specks Hof

Reichsstraße 4
04109 Leipzig
www. speckshof.de/de

## Mädler-Passage

Grimmaische Str. 2-4
04109 Leipzig
www.maedlerpassage.de

## Auerbachs Keller Leipzig

Grimmaische Str. 2-4
04109 Leipzig
www.auerbachs-keller-leipzig.de

## Stadtgeschichtliches Museum Leipzig, Altes Rathaus

Markt 1
04109 Leipzig
www.stadtgeschichtliches-museum-leipzig.de/besuch/unsere-haeuser/
altes-rathaus

## Goethedenkmal

Alte Börse
Naschmarkt 1
04109 Leipzig
www.leipzig-lexikon.de/DENKMAL/GOETHE1.HTM

## Alte Waage Leipzig

Markt 4
04109 Leipzig
www.leipzig.travel/poi/alte-waage

## BELANTIS – Das AbenteuerReich

Zur Weißen Mark 1
04249 Leipzig
www.belantis.de

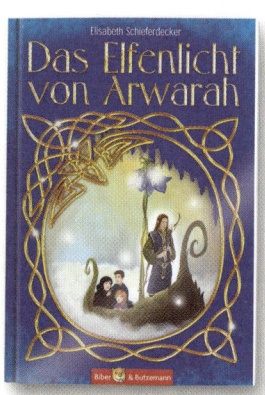

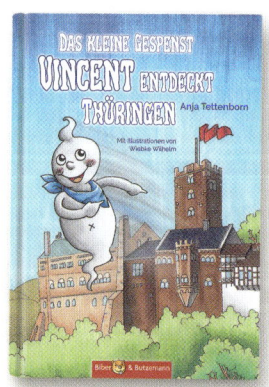

Steffi Bieber-Geske

**Abenteuer an der MECKLENBURGISCHEN OSTSEE**

Lilly, Nikolas und das Geheimnis des Buddelschiffs

Illustrationen von Sabrina Pohle

NEUE **ABENTEUER** AUF **RÜGEN**

LILLY, NIKOLAS UND DAS KRANICHEI

Steffi Bieber-Geske

Steffi Bieber-Geske | Stephan Pohl

**Schatzsuche auf Hiddensee**

Lilly, Nikolas und das Gold des Meeres

Daniela Gappa

**BIBER PAUL auf Reisen**

Rostock-Warnemünde

Steffi Bieber-Geske
Kerstin Groeper

**ABENTEUER AUF FISCHLAND-DARß-ZINGST**

LILLY, NIKOLAS UND DIE SEENOTRETTER

**SAGENHAFTE FERIEN AUF USEDOM**

LILLY, NIKOLAS UND DAS GEHEIMNIS DER VERSUNKENEN STADT

Steffi Bieber-Geske/
Kerstin Groeper

Illustrationen von
Sabrina Pohle

Kerstin Groeper/
Steffi Bieber-Geske

**ABENTEUER AN DER LÜBECKER BUCHT**

Lilly, Nikolas und die Fledermäuse

RETTUNG FÜR DIE BRAUNEN LANGOHREN

Illustriert von
Vivien Scheidt

**ABENTEUER AN DER MECKLENBURGISCHEN SEENPLATTE**

Kerstin Groeper

Lilly, Nikolas und die verbotene Insel

BETRETEN VERBOTEN

Illustriert von
Vivien Scheidt

**Abenteuer in Hamburg**

Birgit Hedemann

Lilly und Nikolas auf der Spur der Schmuggler

Illustrationen von
Sabrina Pohle

**SCHATZSUCHE IN BERLIN UND BRANDENBURG**
Steffi Bieber-Geske
Illustrationen von Sabrina Pohle
LILLY, NIKOLAS UND DAS GEHEIMNIS DES WELTREISENDEN
Biber & Butzemann

**DAS ERBE DES ALCHEMISTEN**
Silke Bottcher
ABENTEUER AUF DER PFAUENINSEL
Illustrationen Rebecca Mosch
Biber & Butzemann

**DER NEUGIERIGE JUNGE, DER DIE WELT ERSCHÜTTERTE**
Lilly und Nikolas auf Luthers Spuren
Jörg F. Nowack
Mit Illustrationen von Sabrina Pohle
Zur Feier des 500. Reformationsjubiläums
Biber & Butzemann

**Zauberhafte Ferien im Harz**
Steffi Bieber-Geske | Sabrina Pohle
Lilly, Nikolas und die Hexen
Biber & Butzemann

**BIBER PAUL auf Reisen**
Daniela Gappa
Harz
Ein Reiseführer für Kinder
Biber & Butzemann

**ABENTEUER ZWISCHEN KYFFHÄUSER UND WESTHARZ**
Lilly und Nikolas auf den Spuren der ersten deutschen Herrscher
Jörg F. Nowack
Mit Illustrationen von Sabrina Pohle
Biber & Butzemann

**Geheimnisse rund um das Märchenschloss**
Alexandra Benas
Ein Bauernhof-Abenteuer im Allgäu
Mit Illustrationen von Gabriela MewNofke
Biber & Butzemann

**Zeppelinfieber**
Andrea Nesseldreher
Lilly und Nikolas am Bodensee
Illustrationen von Liuba Liebedeva
Biber & Butzemann

**ABENTEUER IM SCHWARZWALD**
Lilly, Nikolas und das Geheimnis der Zwerge
Steffi Bieber-Geske
Mit Illustrationen von Michaela Frech
Biber & Butzemann

MATTI UND MAX
Abenteuer auf Kreta

Sandra Lehmann
Illustrationen Manja Adamson

MATTI UND MAX
Abenteuer in New York

Sandra Lehmann
Illustrationen Manja Adamson

MATTI UND MAX
Abenteuer in Berlin

Sandra Lehmann
Illustrationen Manja Adamson

MATTI UND MAX
Abenteuer in Paris

Sandra Lehmann
Illustrationen Manja Adamson

MATTI UND MAX
Abenteuer in den Alpen

Sandra Lehmann
Illustrationen Manja Adamson

EIN SOMMER
IN SCHWEDEN

Miriam Schaps

Illustrationen von
Manja Adamson

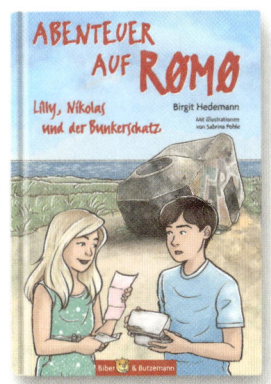

ABENTEUER
AUF RØMØ

Lilly, Nikolas
und der Bunkerschatz

Birgit Hedemann

Mit Illustrationen
von Sabrina Pohle

Steffi Bieber-Geske

Abenteuer in
Süddänemark

Lilly, Nikolas und die
verschwundenen Bilder

Sommer an der
dänischen
Nordsee
Der geheimnisvolle Bunker

Katja Josteit
Illustrationen
von Nina Hecher

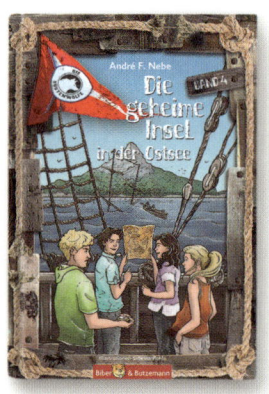

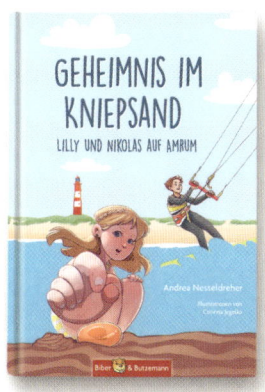

**Die Autorin**

**Mareike Seehaus**, Jahrgang 1977, stammt aus der Altmark (Sachsen-Anhalt). Sie studierte Publizistik, Germanistik und Philosophie an der Freien Universität Berlin. Nach einer mehrjährigen Tätigkeit als Redaktionsassistentin bei einem bekannten Schulbuchverlag absolvierte die zweifache Mutter eine Ausbildung zur Mediatorin. Sie verfasste freiberuflich Gedichte und Geschichten, Lexikoneinträge und journalistische Texte. Seit 2017 arbeitet sie an einer Berliner Grundschule als Lehrerin. „Schatzsuche in Leipzig" ist ihr erstes Kinderbuch.

**Die Illustratorin**

**Sabrina Pohle**, Jahrgang 1984, entdeckte in ihrer frühen Jugend ihr Interesse am Zeichnen, aus dem sich über die Jahre eine Leidenschaft für Illustration und sequenzielle Kunst entwickelte. Sie experimentierte zunächst viel mit traditionellen Maltechniken und Materialien wie Aquarell, Kohle und Pastellkreiden. Seit einiger Zeit nutzt die Mutter eines Sohnes auch digitale Medien, um ihre Werke zu erstellen. Die studierte Japanologin arbeitet als freiberufliche Illustratorin in Hamburg und hat bereits zahlreiche Kinderbücher illustriert.
www.splinteredshard.com

## DIE BIBER-FLASCHENPOST

Werde Teil unserer **Biber & Butzemann-Community** und abonniere jetzt unser Newsletter-Magazin (maximal acht Ausgaben im Jahr). In der Biber-Flaschenpost kannst du dich auf Aktuelles, jahreszeitliche Buchempfehlungen, Reisetipps, Blicke hinter die Kulissen und exklusive Gewinnspiele freuen. Außerdem sammeln wir hier besondere Insider-Tipps und Reiseerfahrungen unserer Community. https://shop.biber-butzemann.de/newsletter.php